코로나19
미국 대선
그 이후의 세계

코로나19 × 미국 대선, 그 이후의 세계

지은이 김준형
발행처 도서출판 평단
발행인 최석두
디자인 디자인86

등록번호 제2015-000132호
등록연월일 1988년 7월 6일

초판 1쇄 발행 2020년 10월 10일
초판 2쇄 발행 2020년 10월 20일

우편번호 10594
주소 경기도 고양시 덕양구 통일로 140(동산동 376) 삼송테크노밸리 A동 351호
전화번호 (02)325-8144(代)
팩스번호 (02)325-8143
이메일 pyongdan@daum.net

ISBN 978-89-7343-526-5 (03340)

코로나19
미국 대선
그 이후의 세계

김준형 국립외교원장 지음 | **문정인** 통일외교안보특보 추천

평단

요즘 화두는 코로나19 위기와 미국 대선이다. 전 세계 감염자가 3,000만 명, 사망자가 100만 명을 넘어서고 5대양, 6대주 코로나 사태로부터 자유로운 곳이 없으니 관심이 대상이 될 수밖에 없다. 미국 대선 역시 장안의 화제이다. 도널드 트럼프 대통령과 조 바이든 후보자 중 누가 차기 미국 대통령이 되느냐에 따라 미국과 세계의 역사가 달라질 수 있기 때문이다. 이 둘은 별개의 사안인 듯 보이지만 실제로는 긴밀히 연결되어 있다. 세계 최강, 최고 국가 미국이 최악의 코로나 감염국으로 전락했다는 점을 고려할 때, 이번 미국 대선 결과는 코로나 사태에 대한 성공적 대응 여부와 그에 따른 경제적 성과에 달려 있다 해도 과언이 아니다.

이 못지않게 우리의 시선을 끄는 것은 미국 대선 결과가 북한 핵 문제와 한미동맹의 미래에 미치는 영향이다.

트럼프와 바이든 중 누가 미국의 지도자가 되느냐에 따라 북핵 문제 해법과 한미동맹의 성격이 크게 달라질 수 있기 때문이다. 코로나19 사태 이후 급격히 악화하고 있는 미국과 중국 간의 대립 구도 또한 우리에게는 사활적 관심사다. 김준형 국립외교원장이 집필한 이 책은 앞서 언급한 네 가지 주제를 쉽고 생동감 있게 다루고 있다. 김 원장은 1장에서 코로나19 위기, 인종 갈등, 경제적 침체 등을 고려할 때 트럼프 대통령의 재선 가능성이 다소 부정적이라는 전망을 하고 있다. 역전과 대선 결과 불복 가능성도 배제하지는 않는다. 2장에서는 두 후보가 대통령에 당선될 각각의 경우, 그에 따른 미국의 정치, 사회, 경제, 외교 정책 변화 동학을 잘 짚어주고 있다. 3장에서는 미국 대선 결과가 한미 관계와 북미 관계에 미치는 영향을 분석한다. 김 원장은 트럼프 대통령이 재선에 성공하면, 북-미 관계는 좋겠지만 한미동맹에는 악재가 될 것이고, 반면 바이든이 당선되면 한미동맹에는 유리하지만 북-미 관계는 어려워질 수도 있을 것으로 내다보고 있다. 마지막으로 4장에서는 트럼프와 바이든의 중국 때리기, 그에 따른 미중 관계 변화 양상, 그리고 한국의 전략적 선택에 대해 개괄적으로 살펴보고 있다.

이 책은 순수 학술서가 아니라 시사 교양서이다. 그 취지에 맞추어 김 원장은 어려운 주제들을 간단명료하게 잘 풀어내고 있다. 군더더기 없고 유익한 정보가 넘치며 아주 읽기 쉽다. 미국을 보는 시각 또한 참신하고 계몽적이다. 특히 부록에서 복잡하기 이를 데 없는 미국 대통령 선거제도를 알기 쉽게 설명한 부분은 매우 인상적이다. 선거제도뿐만 아니라, 미국 정치를 이해하는 데 큰 도움이 된다. 김준형 원장은 공직에 몸담기 이전부터 학계와 언론 매체에서 이미 명성을 크게 쌓아온 이다. 이 책은 그가 명불허전名不虛傳이라는 것을 다시 깨닫게 한다.

코로나 팬데믹 사태, 미국 대선, 미국과 한반도, 그리고 미−중 신냉전 구도에 관심이 있는 모든 이들에게 이 책을 강력히 권하는 바이다.

문정인(연세대 명예특임교수, 대통령통일외교안보 특보)

코로나19와 미국 대선, 거대한 두 사건이 빚어낼 세상

미국은 선거의 나라이다. 2년마다 11월이 되면 큰 선거판이 벌어진다. 2016년 공화당 후보로 대선에 나선 도널드 트럼프는 당시 거의 모든 여론조사에서 우세를 보였던 민주당 후보 힐러리 클린턴에 승리해 미국의 45대 대통령이 되었다. 2020년에는 야당 민주당이 도전자가 되어, 조 바이든 후보가 11월 3일 트럼프 현 대통령과 대결을 펼칠 것이다.

트럼프는 역대 미국 대통령들에게서는 발견할 수 없는 독특한 유형의 인물이었다. 특히 그는 제2차 세계대전 이후 미국이 구축해왔던 민주주의, 시장 자본주의 및 자유무역, 그리고 미국 중심의 국제안보 질서 원칙 등을 스스로 평가절하하고, 미국의 이익만을 추구한다고 전 세계에 천명했다. 세계를 위한 대통령이 아니라 미국만을 위한 대통령이 되겠다며, 동맹국이나 파트너 국가들과는 전략적 합의나 전통적 우의, 그리고 미래의 가치 등은 전혀 고려하지 않고 오직 눈앞에 놓인 비즈니스적 잣대로만 판단했다.

국내적으로는 미국 국민 전체의 통합보다는 분열을 확산시키며 자신의 지지 세력만을 결집하는 방식으로 권력을 사용했다. 이런 통치 방식은 그동안 미국이 추구하던 비전이나 정책과는 완전히 다른 것이었다.

1990년대 초 미국과 냉전체제 대결을 벌이던 소련이 붕괴하면서, 미국은 한동안 유일 패권으로서 자유주의 국제질서를 이끌었다. 그동안 인류는 '세계화globalization'로 표현되는 협력과 번영의 시기를 보냈다. 그러나 2001년 9.11 테러와 2008년 금융위기가 다시 국제질서를 흔들었다.

이후 미국의 위상 하락과 중국의 급속한 부상으로, 미-중 전략 경쟁이 급부상했다. 브렉시트로 대표되는 분열과 배타적 민족주의가 세계로 확산되었다. 그리고 지금 전 세계는 코로나19라는 미증유의 현상에 의해 혼란의 시기를 맞고 있다.

2020년 미국은 대통령 선거와 코로나19라는 두 가지 거대한 사건에 직면했다. 최근 흔들리고는 있으나 미국은 여전히 세계 최강의 패권국이다. 따라서 미국의 대선 결과는 이후 세계를 전망하는 핵심적인 변수 중 하나일 수밖에 없다. 미국과의 특별한 관계인 우리에게 끼칠 영향도 심대하다.

이 책은 코로나19 팬데믹 속에서 치러질 미국 대선의 다양한 측면을 살펴보고 그 이후의 세계를 정치, 경제, 외교 등 여러 부문에서 예측해본다. 누가 미국 대통령이 되느냐에 따라 국제정세는 크게 달라질 수 있기 때문이다. 특히, 한-미 관계와 북-미 관계에 미국 대선의 영향은 클 것이다.

먼저 이 책은 두 후보인 트럼프와 바이든의 선거 전략 및 정책 공약을 분석했다. 미국과 중국의 무역전쟁, 혹은 패권경쟁도 중요하게 다루었다. 미국만의 독특한 대통령 간접선거의 특성에 대해서도 소상히 다루었다.

이 책의 구성

우선, 현재 미국 사회에서 2020 대선이 의미하는 것이 무엇인지, 또는 대선 결과에 따라 미-중 전략 경쟁과 미국 경제, 또는 세계 경제가 어떻게 영향을 받을 것인지를 살펴본다. 이런 맥락에서 서론에 해당하는 '인트로'에서는 코로나 팬데믹 이전과 이후의 세계를 짚어보았다. 미국 사회와 21세기 세계가 어디로 향하고 있는지 거시적인 분석과 함께, 코로나 팬데믹 이후 펼쳐질 각자도생의 시대를 이야기해보았다.

미국과 중국, 그리고 한반도의 국제정세에 대해서도 살펴보았고, 코로나 팬데믹의 피난처는 무엇이 될지도 이야기했다.

본론은 크게 4개의 챕터로 구성했다. 1장에서는 트럼프와 바이든의 선거 전략을 짚어보며, 미국 대선의 승부처는 과연 무엇이었는지 생각해보았다.

10월의 충격 사건으로 불리는 '10월의 서프라이즈 October Surprise'가 남아있다는 점에서 정확한 예측은 쉽지 않다*. 특히 지난 2016년 대선에서는 거의 모든 여론조사기관과 전문가들의 예상이 빗나갔다. 그래도 가능한 범위 내에서 조심스럽게 예측해보았다.

국제정치 전반과 미국의 대외정책을 전공하는 필자는 방송이나 강연 등에서 전망이나 예측에 관한 질문을 많이 받았다. '2020 미국 대선에서 트럼프가 재선될 것인

---

* 선거전문가들은 이번 선거에서는 이 '10월의 서프라이즈'가 일어날 가능성이 적다고 말한다. 왜냐하면, 코로나 19로 말미암아 우편투표의 비중이 엄청나게 커졌고, 보통 우편투표는 사전투표 형식으로 이뤄지기 때문에 10월에 어떤 놀라운 일이 일어나더라도 유권자들이 이미 투표를 끝낸 시점이 되기 쉽기 때문이다.

가?' '트럼프가 낙선할 경우 결과에 승복할 것인가?' '대선 전에 북미 정상회담이 있을 것인가?' '대선 전에 코로나19의 백신은 과연 나올 수 있을 것인가?' '그 백신은 게임 체인저가 될 것인가?' 등이 단골 질문들이었다.

한 가지 분명하게 말할 수 있는 것은 필자를 포함해 사회과학 전공자들의 예측은 역술인의 것과는 차원이 다르다는 것이다. 어떤 종류의 '육감'이나 '신기神氣'가 아니라 현재 파악 가능한 조건과 변수들을 종합적으로 비교, 분석해 어느 전망이 우세할 것인가를 말할 뿐이다. 사회과학자의 예측은 이변이나 역전 등의 결과에는 약할 수밖에 없다.

2016년 트럼프의 이변을 많은 언론과 전문가들이 예측하지 못했다. 그 이유는 당시 정확한 예측을 위한 변수들을 제대로 분석하지 못한 점도 없지 않았지만, 미국 선거의 특성에서 비롯된 의외성까지 예측하기는 어려운 것이다.

2016년 대선에서 트럼프는 전체 국민투표에서 거

의 300만 표를 뒤졌는데도, 단 3개 경합 주에서 합계 77,734표를 이기고 승리에 필요한 선거인단 수를 모두 가져가는, 그야말로 통계의 기적을 이룩했다. 현재 지지율에서 밀리는 트럼프가 이런 기적을 재현하기는 쉽지 않아 보이지만 그래도 기적이 없으란 법은 없다.

2장에서는 트럼프와 바이든의 정책 내용을 비교, 분석했다. 미국 대선이 국제정세와 경제에 미치는 영향이 매우 심대하기 때문이다. 코로나 팬데믹 속에서 치러지는 미국 대선 이후 세계는 어떻게 달라지는지를 짐작해볼 수 있는 장이 될 것이다. 특히 투자자들은 최근 요동치는 미국 주가에 신경이 곤두서 있을 수밖에 없다. 투자자들에게도 참고할 만한 경제 분석이 있으니 참고하길 바란다.

2020 미국 대선, 이슈

공화당의 경우는 현직 대통령이 후보가 되었다는 점에서 논란이 될 수 있는 정강 정책을 발표하지 않는 것이 관례다. 반면에 8월 전당대회에서 열 가지 정강 정책을 채택한 민주당은 대변화를 예고했다. 미국은 양당제이고, 민주당에서 공화당으로, 또는 공화당에서 민주당으로 정권이 바뀔 때 정도의 차이는 있으나 주로 이전 정부의 정책들을 180도 바꾸는 일이 빈번하다.

부시 대통령이 집권하면서 이전 클린턴 8년의 정책을 모두 뒤집어버린 소위 'ABC^Anything but Clinton'는 유명했다. 2016년 당선된 트럼프는 오바마가 했던 정책을 거의 모두 뒤집어버렸다.

트럼프가 재선될 경우는 지난 4년의 연장선에서 정책이 펼쳐질 것이고, 바이든이 이긴다면 트럼프 정책의 대부분이 바뀔 가능성이 농후하다.

지난 4년 트럼프 대통령에 대한 반감이 확산된 가운

데, 바이든은 트럼프가 망가뜨린 미국을 다시 회복하겠다는 선거 전략을 채택했다. 바이든은 대외정책에서도 트럼프가 지난 4년간 잃어버린 미국의 리더십을 회복한다는 의미에서 '미국의 리더십 재건Renewing American Leadership'을 기치로 내세웠다.

경제가 변수가 될까?

역대 미국 대선에서 판도를 결정하는 가장 핵심적인 이슈는 경제였다. 대통령이 누가 되는지에 따라서 미국의 경제는 물론이고 세계의 경제가 큰 영향을 받을 것이라는 점도 부인하기 힘들다. 2020년 대선 역시 이런 불문율에서 크게 벗어나지 않을 것인데, 코로나19라는 미증유의 사태로 인한 경기 악화와 회복 가능성이 선택의 중요한 변수가 될 것이다.

코로나19와 경제가 긴밀하게 연동된 이 위기를 어떻

게, 그리고 얼마나 빨리 극복할 수 있는지, 아니면 적어도 회복의 분명한 신호가 가시권에 들어오는지가 대선 결과에 엄청난 영향을 미칠 것이다.

트럼프의 지지율 하락과 경제 악화 추세는 거의 평행한 양상을 띠었다. 미국은 최근 힘에 부치는 모습을 보이고는 있지만, 여전히 세계 패권국이며, 대통령이 누가 되는가에 따라 세계 경기, 통화, 그리고 무역 기조는 크게 달라질 것이다. 2장에서 이에 대해 소상히 서술했다.

북한이 10월의 서프라이즈가 될까?

3장에서는 한반도 문제를 집중해서 다룬다. 미국 대선 이후 달라질 한-미, 북-미 관계에 대해 이야기해보았다. 한국과 미국의 관계를 생각하면 미국의 대선 결과는 한국의 대외정책은 물론이고 국내정치에 끼치는 영향도 심대하다.

일반적으로는 미국의 선거에서 한반도 문제는 그렇게 중요한 변수가 아니라는 평가가 많다. 그러나 최근 들어 한국의 국력과 위상이 상승하고 있고, 격화하고 있는 미-중의 패권경쟁으로 인해 일본과 더불어 한국의 역할이 갈수록 중요해졌다는 점에서 과거의 선거와는 양상이 좀 다르다.

북한 문제 역시 트럼프 대통령은 세 차례 북미 정상회담을 통해 미국 외교의 우선순위에서 차지하는 위치를 상당 부분 끌어올린 바 있다. 트럼프 대통령이 재선될 경우 북한 핵 문제를 해결하기 위한 톱다운top down 방식은 재가동될 가능성이 크다.

그렇다면 바이든이 당선될 경우, 한-미, 북-미 관계는 많이 달라질까?

이 점 또한 본문에서 자세히 살펴본다. 전당대회에서 발표된 민주당의 정강 정책은 한국과는 방위비 분담금에서, 북한에 대해서는 핵 문제의 해결과 인권 문제를 적시했다.

미국과 중국의 패권경쟁은 동북아를 넘어 세계정세에서 큰 변수로 떠오르는 만큼 4장에서 별도로 다룬다. 현재 진행되는 미−중 패권경쟁의 실체는 무엇이며, 미국 대통령이 누가 되느냐에 따라 어떻게 변화할지를 이야기한다. 또한, 중국 내에서 미국 대선을 바라보는 시선은 어떤지에 대해서도 살펴본다.

가장 큰 변수는 선거제도?

"선거는 민주주의의 꽃이고, 미국은 민주주의 국가들의 모범이다"라는 이야기가 있다. 그런데 지금 이 말은 얼마나 진실성이 있고, 얼마나 사람들의 신뢰를 얻고 있는가?

미국의 선거 방식은 민주주의가 아니라는 비판이 끊임없이 제기된다. 선거인단을 뽑는 선거는 어쩌면 부정선거를 용인하고 있는 선거라는 말까지 있다.

미국 전체 국민의 선택에서 300만 표를 뒤졌음에도 미국 전체를 통치하는 대통령이 된다는 것이 과연 정의로운 일인가? 주별 선거인단에서 채택하고 있는 승자독식제도는 다수결이 우선하지만, 소수의 의견도 존중해야 하는 중요한 민주주의 정신을 외면하는 것은 아닐까?

트럼프는 부정선거 운운하며 은근히 선거 결과 불복을 위한 밑밥을 깔고 있다. 그러나 국민의 직접선거를 왜곡할 수 있는 선거인단 선거야말로 부정선거가 아닐까?

민주당과 공화당 외에는 당선 가능한 당을 원천적으로 봉쇄하는 방식 역시 미국 민주주의의 결함은 아닐까? 이런 질문들이 꼬리를 물고 나올 수 있는 것이 바로 미국 선거제도다.

미국의 선거제도가 이렇게 복잡한 이유는 무엇일까? 그것은 미국의 건국과 관련이 있다. 미국 '건국의 아버지들Founding Fathers'은 민주 사회를 이끌어 나가는 사람들이 일반 대중이 아니라 교육을 제대로 받은 엘리트들이어야 성공한다고 생각했다.

이는 '철인 정치론'을 주장했던 플라톤의 생각과 일치하는데, 플라톤은 인간이 매우 이기적인 본성을 가지고 있으므로 이를 극복하고 조화로운 공동체를 만들기 위해서는 소수의 엘리트가 일반 시민을 통치해야 한다고 주장했다.

이런 논리는 소수의 기득권 통치나 나아가 독재를 정당화할 위험을 지닌다. 영국의 정치학자 액튼 경^{Sir. Acton}은 이를 증명하듯, "권력은 부패하는 경향이 있고 절대적인 권력은 절대적으로 부패한다*"라는 유명한 말을 남겼다. 미국 정치의 엘리트주의는 1950년대 밀즈^{C. Wright Mills}의 명저 《파워 엘리트^{The Power Elite}》의 주제이기도 하다.

이런 엘리트주의는 미국의 선거 방식을 어렵게 만들었다. 그럼으로써 일반 국민의 참정권을 제한하고 기득권 유지를 가능하게 해주었다. 상황이 이렇다면, 방해받지 않고 자기 손으로 미국의 대통령을 직접 뽑을 수 있는

---

* Power tends to corrupt, absolute power corrupts absolutely.

방식을 채택하도록 국민이 들고일어날 법도 한데 아무도 그렇게 하지 않는다.

민주주의의 한계인가?
연방제의 최선인가?

'워싱턴 벨트웨이' 내의 기득권자들을 위한 정치가 정당하다고 인정하는 것인지, 아니면 오랜 기간 전통처럼 고착화돼 변화의 필요성조차 느끼지 못하는지는 알 수 없다. 장 자크 루소Jean Jacques Rousseau는 "영국인은 자신이 자유롭다고 믿지만, 이는 크게 잘못된 일이다. 그들은 의회 구성원의 선거 시에만 자유로울 뿐이다. 구성원이 선출되자마자 인민은 노예화된다. 그들은 아무런 존재도 아니다"라고 꼬집었다.

프랑스 정치학자 베르나르 마냉Bernard Manin은 오늘날 민주주의의 후퇴 현상으로 관객 민주주의를 지적했다.

주권을 가진 시민이 정치가들의 선동과 거짓 이미지에 조종당하는 관객으로 전락했다고 그는 주장한다.

2020년 8월 18일 민주당 전당대회에서 오바마 전 대통령은, 트럼프 행정부는 대선에서 이기기 위해 미국의 민주주의를 파괴할 것이라고 비판했다. 이번 대선은 미국의 민주주의를 지키느냐 그러지 못하느냐의 중대한 선거인 만큼, 투표를 쉽게 만드는 것이 민주주의라고 역설하기도 했다.

민주주의란 국민 다수의 의견을 따라 정치를 행하는 것이라는 점에서, 이는 지극히 상식적인 발언이지만, 현재 미국은 다른 나라와 비교해서 비교적 투표하기 어려운 나라에 속한다. 게다가 그 어려움은 갈수록 더해지고 있다.

미국 민주당은 자기 정당이 제도적으로 불리하다며, 선거제도에 대해 문제를 자주 제기한다. 왜냐하면 민주당 지지자들은 엘리트보다는 서민 대중이나 소수인종 비율이 비교적 높은데, 이들이 투표에 참여하기에는 미국 선거제도가 갈수록 어려워지고 있기 때문이다. 그리고 공화당은 그런 문제를 해결할 생각이 없다.

이런 미국 양당 정치의 역학이 개혁을 가로막는 것은 문제이지만, 좀 더 근본적인 차원에서의 변화가 필요한 것도 사실이다.

다른 한편에서, 미국의 연방제는 각 주의 강력한 권한을 매우 중요시한다는 점에서 현재의 선거제도를 미국적 전통과 특징으로 인정하고 옹호하는 사람들도 많다. 판단은 독자의 몫으로 남겨둘 수밖에 없다. 이 책은 독자들의 정확한 판단을 돕기 위해 집필된 것이다.

미국에서 공부하고 있는 필자의 두 딸이 코로나19 팬데믹 상황에서 의료보험도 없이 두려움과 긴장 속에서 지내고 있다. 다가오는 11월 3일의 선거는 그들에게도 큰 의미일 수밖에 없을 것이다. 조금이라도 나은 미래를 위해 시민들이 적극적인 참여와 현명한 선택을 해주기를 필자 역시 간절히 바란다.

미국 간접선거의 이해

그래서 부록에서는 미국의 복잡한 선거 시스템을 최대한 알기 쉽게 정리해보았다. 미국의 선거 방식이 독특한 이유는 건국의 기원과 체제 발전의 과정을 선거에 담아냈기 때문이다. 그중에도 미국의 선거를 가장 특별하게 만든 변수는 아마도 연방 체제일 것이다.

간접선거와 승자독식의 방식이 미국 민주주의의 약점이라고 간단하게 결론 내리고 넘어가기보다는 그 제도의 이면에 깔린 배경과 함의를 먼저 이해할 필요가 있다고 생각한다.

20년 이상 대학에서 국제정치학을 가르치다가 국립외교원장으로 취임한 지 1년이 되는 시점에서 미국의 대선에 관한 책을 저술할 기회를 얻은 것은 여러모로 행운이다. 미국 대외정책을 전공하는 학자인 필자로서 국내정치, 특히 미국의 선거에 관해 관심이 높을 수밖에 없다.

최근 국내정치가 국제정치에 미치는 영향이 엄청나게

확대된 상황에서, 그것도 미국의 대선이 가지는 중요성은 두말이 필요 없다.

코로나19라는 전대미문의 위기상황 속에서 많은 대외활동이 제한되다 보니, 아이러니하게 집필할 시간을 확보할 수 있었다. 책을 저술하면서 새로운 사실도 많이 알게 되었고, 필요한 통찰도 얻었다. 이런 기회를 제공해준 도서출판 평단 최석두 대표님께 깊은 감사를 드리고, 특히 집필 제안부터 완성까지 조력을 아끼지 않으신 오경희 편집부장께 고마움을 전한다.

김준형(국립외교원장 & 한동대 교수)

2020년 9월

Intro. 국제질서의 변곡점이 될 코로나19, 그리고 2020 미국 대선

제2장 달라질 국제정세, 어떻게 대비할 것인가?
- 미국 대선이 국제정세와 세계 경제에 미치는 영향

제3장 한반도와 미국, 중국과 미국, 어떻게 달라질 것인가?
- 한미, 북미 정책 비교 & 이후의 전망

제4장 2020 미국 대선, 중국과의 패권경쟁
- 중국 때리기의 결말은 어떻게 될까?

INTRO.

국제질서의 변곡점이 될 코로나19, 그리고 2020 미국 대선*

* 이 장은 국립외교원에서 발간한 보고서 《코로나19 이후 국제정세》에 실었던 내용을 토대로 한다.

코로나19 팬데믹 이전의 세계

팍스아메리카나의 붕괴

제2차 세계대전 이후 지속되던 국제질서가 급격히 힘을 잃으면서, 최근 세계는 문명사적 대전환의 시대를 맞이했다. 20세기 말과 21세기 초를 풍미했던 세계화globalization는, 제2차 세계대전 이후 등장해서 냉전체제를 지나 탈냉전으로 꽃을 피운, 이른바 '자유주의 국제질서Liberal international order, LIO' 또는 '규칙에 기반을 둔 국제질서Rule-based international order, RBIO'의 클라이맥스 같은 것이었다.

미국이 자신을 가리켜 과거에 명멸했던 침탈적 제국주의와는 다르게, 동의에 의한 지배질서라고 자화자찬하는 것은 과대평가의 측면이 없지 않지만, 국제질서의 규범으로서 어느 정도 정당화될 수 있었다. 자유주의 국제질서를 떠받치고 있는 3개 축인 민주주의, 자유무역, 팍스 아메리카나가 그 이유였다.

그런데 자유주의 국제질서는 코로나 이전부터 심각한 위기 상태였다. 우선, 프라하의 봄부터 서울의 봄, 그리고 아랍의 봄까지 절차적 민주주의의 꾸준한 지구적 확산에도 불구하고, 시민사회의 힘이 약화하고 권위주의적 스트롱맨들이 대거 등장하면서 실질적 민주주의는 후퇴를 거듭했다.

선거 민주주의의 확산에도 불구하고 정치 세력들은 집권 후 민족주의와 선동적 참주 정치로 민주주의를 질적으로 훼손했다. 행정부의 권한이 막강해지고, 의회의 역할은 상대적으로 쪼그라들었다. 선거 때만 투표로 잠시 반짝하는 시민의 역할은 평상시에는 관객으로 주변화하는 이른바 '관객 민주주의audience democracy'로 전락했다.

중산층 붕괴와 빈부 격차

자유주의 국제질서 위기의 두 번째 징후는, 자본주의 경제체제의 모순이 극대화되고 있다는 사실이다. 세계는 시장과 자유무역의 무한 확대를 통해 유사 이래 최고의 번영을 누렸지만, 부작용도 그만큼 컸다. 번영의 과실은 전혀 고르게 분배되지 않았고, 내부적으로는 희생이 강요되고 불평등이 발생했다.

이는 또 자본주의를 지탱하는 중산층의 붕괴로 이어졌다. 세계화에 특화된 기업과 자본은 기회와 이익의 확장으로 부를 축적했지만, 노동자는 지속적인 임금 삭감과 자산 하락으로 고통을 받았다.

2008년 금융위기는 1920년대 말 대공황 때와는 비교

[그림 1] 코로나 팬데믹 직전의 세계

대격변의 시대, 시스템 붕괴 위기

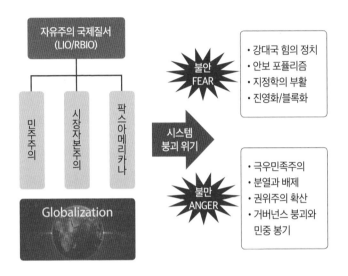

할 수 없을 정도로 자본주의 경제체제를 근본적으로 위협했다. 제2차 세계대전 이후 오래도록 지속했던 자본주의의 고성장과 고소득을 통한 번영의 시대가 끝나고 높은 실업률과 저성장이 고착화되었다. 세계 경제의 장기

침체, 경제적 불안정이 일상화되고 빈부 격차가 글로벌화되었다.

세 번째 축인 국제정치의 안정성도 흔들리게 되었다. 미국은 패권으로서의 리더십을 저버렸고, 미-중 전략 경쟁의 심화와 갈등의 확산으로 '팍스아메리카나'라는 말은 더는 유용하지 않게 되었다.

국제정치학에서 패권안정이론이라는 것이 있다. 압도적인 패권이 존재하는 국제질서는 안정(또는 평화)이 가능하다는 이론이다. '팍스Pax'란 라틴어로 평화를 뜻한다. 팍스로마나Pax Romana 또는 팍스브리태니카Pax-Britanica처럼 미국의 패권이 압도적인 힘을 발휘하는 시기를 팍스아메리카나라고 불렀다.

트럼피즘과 브렉시트

패권안정이론을 증명하듯 제2차 세계대전 이후 미국

은 안정적 국제질서를 꾸준히 유지하려 했다. 비록 한계는 있었지만, 유엔UN을 비롯한 국제기구와 다자협력의 제도화를 통해 전쟁을 예방하고 협력적 안보를 실현하는 데 나름 공헌한 바도 있다.

1990년대 초, 동맹과 진영 대결로 점철되었던 냉전체제가 붕괴한 이후 이런 노력은 마침내 최종적 결실을 보는 듯했지만, 상황은 이상하게 흘렀다.

평화와 안보 등 국제 공공재를 공급하고 글로벌 가치사슬을 유지해 오던 미국이 자국 이익 우선주의를 선언하면서 신고립주의를 고집하게 된 것이다. 트럼피즘 Trumpism 역시 2008년 재정위기 이후 미국의 위상 하락과 중국의 급속한 부상에 대한 우려, 그리고 민족주의적 반감을 근본 동기로 깔고 있다.

영국의 브렉시트Brexit도 비슷하다. 자국의 어려움을 유럽통합에 책임 전가하는 동시에, 화려했던 대영제국에 대한 향수를 자극해 영국을 유럽통합으로부터 이탈하게 선동한 결과가 바로 브렉시트였다. 트럼프의 '미국 우

선주의America First'와 브렉시트의 '영국 우선주의Britain First'
는 내부의 실패를 외부의 탓으로 돌리기 위해 배타적 민
족주의를 적극적으로 동원한 극우 포퓰리즘의 전형적인
사례들이다.

이런 배경에서 각국은 외부로부터의 안보 위협을 과장
하고, 군비 경쟁을 강조하고 있다. 1930년대 대공황 이
후 제2차 세계대전 이전의 상황과 유사점이 많다. 당시
에는 발화 지점이 유럽이었다면, 지금은 동북아가 그 후
보지로 떠오르는 차이가 있을 뿐, 배타적 민족주의의 발
흥과 경쟁적 군비 강화가 급속하게 진행되고 있다는 것
은 그때나 지금이나 마찬가지이다.

시진핑, 아베, 푸틴, 김정은 등도 하나같이 국내 권력
의 공고화를 위해 극우적인 안보 포퓰리즘에 의지하고
있다. 트럼프의 미국 역시 고립주의와 네오콘neocon, 공화당
내부의 신보수주의자의 대외정책이 뒤섞여, 부상하는 중국을 견
제하기 위해 냉전 질서를 재현하는 모습을 띠고 있다.

물론 미-중 갈등이 군사적 충돌로 발전하기는 어렵

다. 미-중 양국은 상호 의존도가 '높음' 수준이어서, 고대 그리스 도시국가의 패권전쟁을 일으켰던 이른바 '투키디데스의 함정Thucydides Trap*'에 빠질 가능성은 크지 않다. 충돌 가능성까지는 몰라도 그 필연성에 대해서는, 이 개념을 처음 제시했던 하버드대의 그레이엄 앨리슨 교수조차 동의하지 않는다.

미-중 간 제3차 세계대전에 버금가는 묵시록적 충돌은 일어나지 않을 것으로 보이지만, 불안정한 미-중의 기 싸움과 갈등은 파고를 달리하며 길고 지루한 사이클을 만들 것으로 예상한다.

* 투키디데스의 함정이란 신흥 강국이 부상하면 기존의 강대국이 이를 견제하는 과정에서 전쟁이 발생한다는 뜻이다. 역사가 투키디데스가 저서 《펠로폰네소스 전쟁사》에서 처음 사용한 용어로, 기존 맹주인 스파르타가 신흥 강국 아테네에 대해 불안감을 느껴 전쟁을 치른 것을 가리킨다.

코로나19와 각자도생의 시대

코로나19는 코로나바이러스의 7번째 변형이라고 한다. 그것도 주요 변형만 7번이란다. 사스나 메르스도 코로나 계열의 바이러스였다. 전염병의 확산이 인류에게 엄청난 비극을 안겨준 사례가 역사적으로 여러 차례 있었지만, 코로나19는 경험과 전례를 무색하게 할 만큼 전 세계를 뒤흔들고 있다.

감염력과 치사율이 최강의 조합으로 이뤄져 악마적이기까지 한 이번 바이러스의 창궐이 가져올 미증유의 미래는 현시점에서 가늠조차 하기 어렵다. 얼마나 많이, 그리고 얼마나 오래 인류의 삶이 변화될 것인가는 대유행의 지속 기간에 달렸다.

미래의 변화에 대해 이번 팬데믹이 '돌연변이'인지, 아니면 기존의 추세를 가속하고 증폭하는 촉매일지에 대한 논쟁도 있다. 이전에 단서와 징조들이 많았고, 추세는 분명했기에 촉매라는 주장에 한 표를 더한다. 코로나19 팬

[그림 2] 코로나 팬데믹이 촉진한 뉴노멀

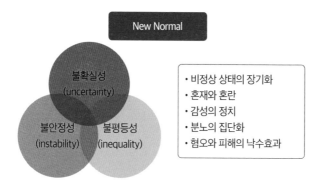

데믹은 팍스아메리카나의 붕괴, 트럼피즘과 브렉시트 등 세계질서의 변화를 폭발적으로 가속화할 것이다.

팬데믹이 촉진하는 추세를 한마디로 압축하면 '뉴노멀'이라 할 수 있을 것이다. 뉴노멀이란 20세기 인류 사회를 규정해 온 질서가 근본적인 위기에 처했음을 지적하는 담론으로, 코로나라는 감염병이 그 속도를 가속화하는 페달이 된 셈이다.

비정상의 위기 국면을 이겨내서 새로운 정상적 체제로

간다는 단순한 의미에서 뉴노멀을 규정해서는 안 된다. 언젠가 평형으로 돌아갈 가능성을 완전히 부정하지는 못하지만, 지금 시점에서는 과거의 정상성에 없던 비정상적인 현상이 장기간 지속되고, 다시는 정상으로 돌아가지 않을 수도 있다는 가능성까지 포함해야 한다.

현재의 뉴노멀은 비정상 상태가 장기화되면서 불안정성, 불평등성, 불가측성(불확실성)을 띠고 있다. 이런 뉴노멀의 세계는 파국적 전쟁은 아니지만, 작게는 우리의 일상에서, 크게는 국제정치를 통틀어 혼란과 혼재로 나타날 것이다.

개인부터 국가, 그리고 국제체제까지 큰 스트레스를 오래도록 받게 될 것이다. 세계화와 국가주의의 각자도생은 세계가 어느 쪽으로든 균형을 맞춰 공존의 관계를 유지하는 것을 방해하고, 세계를 서로 반대 방향으로 잡아당기며 부작용을 만들어낼 가능성이 크다.

바로 지금 그런 현상이 벌어지고 있다. 그동안 세계화가 구축해놓은 '초연결hyper-connectivity' 사회가 코로나바이러스를 '물 만난 물고기'로 만든 게 바로 그것이다.

초연결 사회가 아니었다면 코로나19가 이렇게 짧은 시간에, 이렇게 넓게 확산하지는 못했을 것이다. 연결은 감염을 불러왔고, 사람들과 국가들은 이제 살기 위해 단절하고 봉쇄한다. 단절과 봉쇄는 가장 쉬운 방법이지만, 진정한 해결책은 아니다. 감염을 막지 못해도 죽지만, 완전한 봉쇄 역시 우리의 삶을 멈추게 할 수 있기 때문이다.

정확히 1세기 전, 계몽주의와 '사해동포주의cosmopolitan-ism'의 세계가 민족주의의 각자도생 때문에 무너졌던 전례가 있다. 당시에도 지금처럼 영국의 쇠락과 미국의 고립주의가 리더십 부재를 낳았다. 국제협력은 사라지고, 제국주의의 식민지 수탈과 배타적 민족주의가 부활하면서 대공황과 비극적 전쟁이 잇따랐다.

미국과 중국, 그리고 한반도

미국과 중국의 블레임 게임

미-중 패권 충돌은 곧 공멸을 가져올 것이다. 두 나라가 협력 관계를 이어가야 한다는 당위는 아무도 부인하지 못할 것이다. 다만, 상호 불신이 여전한 가운데 협력과 공존에 이르려면, 수용과 양보가 전제돼야 하는데, 이는 결코 쉬운 목표가 아니다.

중국의 역내 리더십에 대한 욕심과 미국의 기존 패권 유지를 위한 공세적 방어가 상승 작용을 일으키고 있기에 더욱 그렇다. 특히, 코로나 팬데믹의 책임 논쟁에서 미-중 모두 상대방에게 책임 떠넘기기, 즉 '블레임 게임 blame game'에 열중하고 있다.

게다가 2020년 11월 미국 대선에 맞춰 트럼피즘 최고의 수단으로 '중국 때리기China Bashing'가 본격화되었다. 이는 상황을 더욱 어렵게 만들었다. 2020년 5월 말, 중국이 양회에서 '홍콩 보안법'을 관철한 사건도 이런 어려움을 가중시켰다. 이에 미국이 중국에 제재를 경고했고, 그러자 다시 중국은 내정간섭이라며 반발함으로써 갈등의 전선이 더욱 확대되었다.

이런 사태를 미-중 갈등이자 공방이라고 말하지만, 실제로는 미국이 공격하면 중국이 물러서지 않고 맞서는 형국이라고 보는 것이 정확하다. 미국의 공세와 중국의 방어가 반복되는 패턴을 보이고 있다.

미국의 내부 여론은 거의 모든 이슈에서 첨예하게 분열된 것이 사실이나, 중국에 대해서만큼은 다르다. 중국을 견제할 명분과 나아가 제압할 필요성에 대해서는 일

치된 의견을 보이고 있다. 이에 대해 미국이 내세우는 이유는 이렇다.

문제는 중국 고위 인사들이 비공식적인 자리에서 미국에 관해 반복적으로 피력하는 내용인데, 중국은 과거 미국이 그들을 때린 의도가 중국을 미국의 시스템에 포함시키려는 것이었다면, 현재는 미국이 주도하는 세계 정치경제 질서에서 중국을 축출하려는 것이라고 주장한다는 것이다. 그러면서 미국의 공세에 결코 물러서지 않겠다는 의지를 보이고 있다고 한다. 향후에도 중국이 먼저 미국에 싸움을 걸지는 않겠지만, 부당한 공격에는 하나하나 대응하겠다는 것이 중국 측의 확고한 의지라는 것이다.

중국의 자신감

그렇다면 중국이 보는 미-중 관계는 어떨까? 미국은

동맹국의 도움으로 패권 질서를 유지하고 있는 만큼, 동맹국의 힘이 약해질수록 지구전에 불리한 반면, 중국은 경제적 가치사슬을 포함해 자체적으로 해결 가능한 체제이므로 지구전에서 자국이 유리하다고 인식하고 있다.

어쨌든 현시점에서 볼 때, 영역적으로는 미−중의 전략적 갈등이 무역, 환율, 기술, 체제 우위 경쟁으로 번지는 양상이지만, 물리적으로는 동아시아의 지정학적 구조로 집중되는 경향을 띤다.

지구적 경쟁에서는 아직 중국이 미국과 맞서는 데 역부족일 수 있으나, 중국 입장에서 동아시아는 지정학적으로 안방이라고 할 수 있어서 팽팽한 세력 다툼이 가능하다.

관건은 양국의 세력권 경계 설정인데 한반도, 동중국해, 중국−대만 양안, 그리고 남중국해가 그런 지점들이다. 이 지점들을 연결하면 동아시아를 위에서 아래로 가로지르는 경계선이 생긴다. 중국은 이를 돌파하려 하고, 미국은 어떻게든 봉쇄하려 할 것이다.

경계선을 둔 이런 갈등은 이미 몇 차례 불거진 바 있다. 한반도의 사드THAAD 배치, 동중국해의 센카쿠제도尖閣列島 분쟁이 그랬다. 중국과 대만의 양안 관계 갈등은 트럼프 정부의 의도적 대만 챙기기로 더욱 첨예화된 경우다.

남중국해 역시 언제든 갈등이 가시화될 수 있다. 미-중 갈등이 심화해 신냉전이 현실화되면, 남중국해는 패권 대결의 단층선 역할을 할 것이다. 미국은 이를 봉쇄의 경계선으로 간주하고, 중국은 뚫어야 하는 선으로 간주할 것이다.

한반도, 모든 헬 게이트가 열리다

단층선을 구성하는 4개의 충돌 지점 중 가장 중요하고도 위험한 곳은 두말할 필요 없이 우리 한반도이다. 냉전 체제가 붕괴된 지 30년이 지났지만 여전히 잔재는 있고, 북-중-러와 한-미-일의 대결 구도 또한 약화되었다고는 하나 여전히 작동은 하기 때문이다.

따라서 한반도는 미-중 갈등의 최전선에서 이를 극대화해 비용을 치를 것인지, 아니면 경계의 자리에서 완충 역할을 해야 할지 기로에 놓였다고 볼 수 있다. 국익과 지역의 평화를 생각하면 후자가 바람직하지만, 최근 상황은 반대로 흘러간다.

남북한의 국력 차이가 엄청난데도, 통일은커녕 평화 공존도 쉽지 않은 실정이다. 탈냉전 초기, 남북한은 관계 개선과 평화체제 구축을 모색했고 상당한 성과를 거두기도 했지만, 늘 벼랑 끝에 선 것처럼 불안정한 상태였다. 2017년, 북-미 간 긴장이 고조되어 충돌 직전까지 갔으나, 2018년 평창 동계올림픽을 활용한 문재인 정부의 중재로, 대반전이 이루어졌다.

그러나 북-미 간의 불신은 근본적으로 극복되지 못했고, 하노이에서의 제2차 북-미 정상회담이 결렬된 이후, 양국 관계는 긴 교착상태에 빠지고 말았다.

현재 대한민국이 당면한 외교 위기를 두고 "5개의 헬

게이트가 동시에 열렸다"고들 표현한다. 역사적으로 우리나라는 지정학적인 조건 때문에 자주 강대국들의 권력 다툼이 대상이 되었고, 분단 구조는 그 어려움을 가중했다. 한국전쟁 때처럼 미, 중, 일, 러의 4강과 북한이 동시다발적으로 문제를 일으킨 것은 역사적으로 매우 드문 일이다.

코로나로 소환된 국가주의

이처럼 자유주의의 국제질서가 흐트러진 가운데 코로나 팬데믹이 세계를 덮쳤다. 그러자 다시 국가가 소환되기 시작했다.

자본주의와 민주주의는 개인의 자유를 핵심 고리로 친화적 연결성을 극대화하는 반면, 국가와 같은 공적 영역에 대해서는 비교적 축소를 지향한다. 국가는 자유화를 가로막는 장애물로 취급당하며, 국내 및 국제 정치경제의 무대 중심에서 주변으로 밀려나 있었다.

세계화가 미덕으로 간주되던 시절, 시장이 필연적으로 초래하는 불평등에 대한 조정자로서의 국가 역할은 축소되었다. 약자와 소수자를 위해 존재해야 할 정치 본연의 기능 또한 작아졌다. 국가 개입 축소를 전제로 하는 신자유주의가 확대되면서 공공성이 축소되었고, 국가는 시장의 패자를 돌볼 의지와 수단을 상실했다.

불평등이 구조화된 시장 스스로 개선에 나설 리는 만무했다. 이 같은 상황에서 국가는 소수의 사적 이익을 위한 도구로 전락했다.

그러나 공공재 제공은 사적 자본이 할 수 없는 영역으로, 오직 국가만이 가능하다. 비록 시장의 무한 자유화로 인해 국가의 역할은 많은 부분 부정당했지만, 세금과 복지를 통한 재분배 정책으로 약탈적 시장에 의한 희생과 왜곡을 보완할 수 있는 현존하는 대안이 국가라는 사실에는 변함이 없다. 그리고 지금 바로 그런 국가의 역할이 재조명되고 있다.

전례 없는 전염병 팬데믹으로 방역과 국민 보건을 책임지는 국가의 역할은 더욱 절실해졌다. 그런 가운데 강한 국가체제를 가진 나라들은 코로나 방역에 효율적이었던 반면, 시장에 의해 국가가 주변화된 나라들은 속수무책이었다.

　의료 체계 민영화를 채택한 미국과 유럽 몇몇 국가들이 그 대표적인 사례이다. 세계화 기준으로 세워진 선진국이라는 입지는 적어도 방역에 있어서는 무용지물이었다.

코로나19 팬데믹의 피난처를 찾다

한국 모델이 주목받는 이유

그러나 문제는 간단하지 않다. 귀환하는 국가들 가운데는 국민 안전을 위해 공공성을 발휘하는 착한 국가도 있지만, 개인의 자유를 억압하고 시장을 방해하는 나쁜 국가도 섞여있기 때문이다.

방역을 이유로 전시戰時에 버금갈 비상권을 발동해 국경을 폐쇄하고 시민의 삶을 통제하는 국가라면, 개인의 자유와 민주주의를 위협할 개연성이 크다. 국제협력을

[그림 3] 한-미-중 코로나 방역의 모델

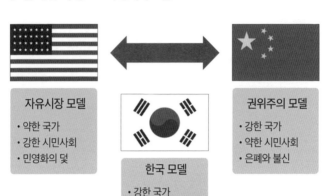

자유시장 모델
• 약한 국가
• 강한 시민사회
• 민영화의 덫

권위주의 모델
• 강한 국가
• 약한 시민사회
• 은폐와 불신

한국 모델
• 강한 국가
• 강한 시민사회
• 민주성, 투명성, 책임성

거부하고 배타적 민족주의 정서를 자극함으로써 각자도
생을 우선하는 국가라면, 혼란과 위기의 상황을 이용해
권력을 공고화하려는 극우 권력이 날뛸 위험성이 크다.

방역에 성공한 한국의 모델이 주목받고 있는 것은 우
연이 아니다. 서구는 국가의 무능력을 드러내며 방역에
실패했고, 중국은 봉쇄와 차단을 내세워 방역에 성공했

지만, 권위주의가 체제 우위의 증거라는 주장에 힘을 실었을 뿐이다. 그런 가운데 한국은 개방성, 투명성, 민주성을 포기하지 않은 채 공적 국가의 역할을 훌륭히 해냈다([그림 3] 참조).

대한민국은 독특하게도 강한 국가와 강한 시민사회가 역동적 균형을 이루고 있는 나라다. 한편으로는 식민지, 전쟁, 분단, 독재로 점철된 강한 역사가 있고, 다른 한편으로는 5.18 광주민주화운동, 6.10 민주항쟁, 그리고 촛불 혁명과 대통령 탄핵으로 대변되는 강력한 시민사회가 있다. 국가가 선을 넘을 때마다 시민사회는 매를 들었고 착한 국가를 소환했다.

코로나 팬데믹을 계기로 우리나라의 사례가 세계에 제시하는 함의는 상당하고 주목받을 만하다. 그러나 주의할 부분도 있다. 우선, 서구사회가 한국을 칭찬하는 것을 곧이곧대로 받아들여서는 안 된다. 거기엔 진심도 있겠지만, 한편으로는 중국 때리기로 나서는 오리엔탈리즘을 위해 한국을 앞세우는 측면도 있기 때문이다. 아울러 한

국을 포함한 아시아 전체의 집단주의와 인권 경시를 비
난하는 '이중 오리엔탈리즘^{double orientalism}'으로 이어질 위
험도 무시할 수 없다.

코로나 방역의 '한국 모델'은 국가의 공공성 회복, 그
것도 봉쇄와 단절이 아닌 연결과 협력을 통한 회복이라
는 점에서 확장성을 가지지만, 다른 국가들이 단기간 내
에 재현하기 힘든 모델이라는 점은 한계다. 또, 문제가
해결된 것도 감염이 종식된 것도 아닌, 여전히 불안한 상
황이라는 점에서 섣부른 과시는 삼가는 게 좋을 것이다.

페이크와 선동의 시대

지금 세계는 글로벌 가치사슬*의 위기에 직면하고 있
다. 각자도생의 방법으로 남은 죽이고 혼자만 살겠다는

---

* 글로벌 가치사슬: Global value chain(GVC). 하버드대 경영대학원 마이클 포터 교수가 대중
  적으로 알린 개념. 세계화 시대, 독자적으로 재화와 서비스를 생산할 기업은 없으며, 기업이

사조가 확산되려는 조짐을 보인다. 특히나 선동에 취약한 뉴노멀의 시대다.

《옥스퍼드 사전》에서 선정한 '2016년 올해의 단어'는 '탈진실post-truth'이었다. 객관적 진실보다 감정이나 선동이 지배하고, '페이크fake가 팩트fact를 압도'하는 세상임을 강조하려는 선택이었을 것이다. 트럼프가 대통령에 당선되고, 영국이 브렉시트를 결정한 해에 이 단어가 선정된 것은 의미심장하다.

〈뉴욕타임스〉는 2016년 대선 기간, 미국 역사상 감성적인 단어가 가장 많이 사용되었다는 기사를 여러 차례 냈다. 절망과 분노 같은 부정적 감성을 선동했던 트럼프가 긍정적 감성에 호소했던 클린턴을 이긴 결과가 가리키는 바도 예사롭지 않다.

여기서도 "악화가 양화를 구축한다"라는 그레셤의 법칙이 통했다는 말인데, 팬데믹 이후의 삶을 한층 더 불

글로벌화되려면 운송 및 통신의 발달이 필수적이라는 의미로 쓰인다.

안하게 만드는 지점이 아닐 수 없다.

2020년 11월 대통령 선거(이하 대선)까지 미국의 행보가 심상치 않았다. 경찰의 과잉진압으로 흑인이 사망한 사건이 인종 갈등을 격화시킨 것은 그중 하나에 불과했다. 문제는 이를 선거 전략으로 이용하기 위해, 정부가 불을 질렀다는 것이다.

'희생양'과 '파랑새'의 선동이 난무했다. 문제해결보다는 '희생양'을 찾아 책임 전가하기에 급급했다. 그 희생양이 내부는 흑인을 비롯한 유색인종이고, 외부는 중국이다.

한편, 권력자는 현재의 위기에 맞는 효율적인 정책을 찾기보다는 백신이라는 파랑새만 반복적으로 언급했다. 백신이 나올 때까지 코로나 팬데믹을 벗어나지 못하는 것은 분명한 사실이나, 효능이나 안정성이 검증되지 않은 백신을 섣불리 언급하며 국민들을 혼란에 빠트렸다. 이는 정치적 이득을 위한 장밋빛 선동에 불과하다.

그리고 이 팬데믹이 종식된다고 해서 현재의 뉴노멀이

노멀로 안정화될 수 있는 것은 아니다. 팬데믹 종식으로 어떤 촉매 작용이 멈추었다고는 볼 수 있겠지만, 거대한 시대적, 세계적 추세는 계속될 가능성이 크다.

또 다른 변형 코로나의 등장도 가능하다. '포스트 코로나post-Corona'가 아니라 껴안고 함께 살아가는 '위드 코로나with Corona'의 시대가 도래할 수도 있다.

도움의 사각지대, 그리고 피난처

사람들은 코로나를 한 방에 해결할 만병통치약을 원하지만, 그럴 가능성은 정치가들의 선동 속에 있는 파랑새일 뿐이다. 그렇다고 손 놓고 있을 수만은 없다. 폭우는 피하면서 조금씩 회복을 도모할 '피난처'를 곳곳에 마련해야 한다.

우선, 글로벌 가치사슬GVC의 원상복구는 어렵고, 각자도생의 국내 가치사슬domestic value chain, DVC은 문제를 더욱 악화시킬 뿐이다. 그러므로 제3의 대안인 지역 가치사슬 regional value chain, RVC을 구축하는 것이 피난처일 수 있다.

지역 가치사슬이란, 우선은 지리적으로 가까운 지역적 협력이나 통합이 될 수 있다. 하지만 거기에 그치지 않고 국제협력의 가치를 중요시하면서 능력을 갖춘 중추적인 국가들이 힘을 합하는 것이 진정한 의미의 지역 가치사슬이다.

그 예는, 미-중 간 탈진실의 블레임 게임 속에서 프랑스, 독일, 캐나다, 한국 같은 국가들이 한목소리로 국제협력 필요성을 강조하는 것에서 찾을 수 있다. 세계 패권을 놓고 대립하는 미국과 중국 사이에서, 선택을 강요받지 않고 뜻을 같이하는 국가들이 연대해, '제3의 지대'를 구축할 수 있다는 점에서 이는 매우 고무적인 일이다.

어떤 저의나 조건은 없고, 능력과 신뢰는 있는 한국을 위시한 '중추적pivotal' 국가들이 단절과 고립을 뚫고 가치와 협력의 공간을 만들 필요가 있다. 이들의 역할은 G2

의 공백을 메움으로써 미-중의 갈등을 완충하는 한편, 각자도생의 와중에서 피해가 막대해질 사각지대의 국가들을 돕는 게 될 것이다.

한반도 평화의 피난처는?

한반도 평화 프로세스를 진전시키는 것 역시 우리에게는 매우 중요한 대안이자 위기 극복을 위한 피난처가 될 수 있다. 코로나 팬데믹 속에서 미-중 갈등의 최전선이자, 안보 포퓰리즘의 전성시대를 맞고 있는 동아시아는 현재 우리가 풀어야 할 가장 어려운 과제임에는 의문의 여지가 없다.

이미 경험했듯이, 우리는 미국에 편승하는 외교만으로는 한반도와 동북아에 '이해 상관자stakeholder' 역할을 전혀 할 수 없다. 그런 방식으로는 미-중의 이익에 종속되거나 아니면, 효용성을 상실해 양쪽 모두로부터 소외될 가능성이 크기 때문이다.

북한 붕괴론을 내세워 남북 대화를 거부하는 것이나, 친미에 편승해 대북 제재에 '전부 걸기' 전략을 세우는 것은 한국의 이익을 위해 좋은 방법이 아니다. 그보다는 오히려 남북관계를 진전시키는 것이 우리에게 유리하다. 그래야 미-중의 패권 갈등 체제가 약화되고 우리의 외교적 주도권은 조금이라도 높아질 것이기 때문이다.

근래, 대북 전단 살포 문제와 북한의 개성 남북공동연락사무소 폭파로 한반도 긴장이 고조되면서 상황은 더 어려워졌다. 그렇다고 남북한이 대결적 구도로 갈 경우, 한반도는 미-중 갈등과 동북아의 안보 포퓰리즘 및 배타적 민족주의가 충돌하는 주무대가 될 위험이 있다. 자유주의 국제질서가 후퇴할 때 나타나는 부정적 현상들을 한반도가 고스란히 겪을 수 있다는 이야기이다.

한반도 평화 프로세스는 후퇴는 물론이고 잠시 멈춤도 허용할 수 없다. 진전시키지 않으면 우리가 짊어질 짐이 나날이 무거워질 것이다.

그렇다면, 우리가 풀어야 할 핵심 과제는 무엇일까? 결실을 이루기까지 지난한 과정을 겪어야 하고 중장기적인 노력이 필요하지만, 국제정치적인 안보 포퓰리즘에 맞서 평화 담론을 적극적으로 키우는 것이 필요하다. 평화 결손의 한반도가 오히려 그 결손을 메움으로써 세계에 희망을 던질 수 있다.

우리는 공존과 평화를 지향하는 대외정책을 견지해야 한다. 대결을 조장하는 극우 민족주의로는 가지 않아야 한다. 그리고 국가는 국민으로부터 공공성을 부여받은 만큼, 정치의 본령은 복지이고, 외교의 본령은 평화라는 사실을 잊어선 안 된다.

강자가 지배하는 홉스적 야만 상태Hobbesian State of Nature를 수용한다면야 정치가 필요 없을 것이고, 생존에 대한 끊임없는 위협과 공포를 숙명으로 받아들인다면야 외교가 필요치 않을 것이다.

외교는 안보를 확보하는 가장 값싼 방법이며, 평화는 안보가 지향해야 하는 궁극적 목표다. 국익을 우선으로 추구하되, 다른 한편으로는 미국을 향해, 세계를 향해 협력과 평화 공존, 민주주의 같은 가치외교의 기치를 올려야 한다. 이것이 세계가 함께 사는 길이며, 우리도 사는 길이다. 그 시발점은 남북관계 개선이고 종착점은 동북아 평화가 될 것이다.

코로나 역설이 가져올 변화

어쩌면 코로나19 팬데믹은 인류의 가치관과 행태에 혁명적 변화를 가져올 수 있다. 변화된 세상에서는 효율보다 삶의 질이, 돈보다 생명이 중요해질 수 있다. 코로나가 가져온 최고의 역설 중 하나가 환경 재생임을 생각해보면, 변화된 세계의 모습을 좀 더 구체적으로 그려볼 수 있다.

자본의 무한 확대를 당연시하던 자본주의의 수정, 국제협력의 재생을 기대해볼 수 있고, 소위 '인간의 얼굴을 가진 세계화'를 전망해볼 수도 있다. 천박한 자본주의가 가차 없이 내쳤던 생명, 생태, 환경의 가치를 소환하는 계기가 될 수도 있다.

칼 폴라니는 《거대한 전환The Great Transformation》(1944)이라는 저서에서 고삐 풀린 시장이 인간과 환경을 쑥대밭으로 만들어버릴 것이고, 결국 인간과 자연은 스스로 보호하기 위해 반시장 운동에 나설 것으로 전망했다.

물론 그의 예언처럼, 현재 시장 만능의 세계가 몰락하고 사회주의로 전환된 것은 아니다. 다만, 지금이 무자비한 자본 확대를 추구하는 자본주의가 인간의 얼굴을 가지게 되는 기회가 될 수는 있겠다.

'언택트(비대면)' 세상이 확산되고, 혼돈과 불안이 일상이 되는 가운데 자본주의의 무한 욕망을 잠재우고 진정한 삶의 질을 추구하게 만드는 역설은 과연 가능할까?

제1장

2020 미국 대선, 무엇이 승부처였나? : 트럼프와 바이든의 전략 전격 해부

바이든은 파격의 트럼프의 대항마가 될까?

아웃사이더 트럼프 vs 치유자 바이든

2020 미국 대선은 '트럼프 vs 반反 트럼프'라는 구도로 치러지고 있다. 현직 대통령의 재선이 걸려있는 선거에서 이런 구도는 사실 자연스러운 것이라 할 수 있다. 그런데도 이번 선거가 좀 더 특별한 이유가 있다. 첫째, 트럼프의 대통령직 수행이 전례를 뛰어넘은 파격의 연속이라는 점, 둘째 이에 대한 지지와 반대, 호불호好不好의 차이가 엄청나다는 점이 핵심일 것이다.

미국의 정치는 양극화의 정점에 있고, 트럼프 대통령은 그 점을 자신의 정치에 적극적으로 활용했다. 그렇다면 국민들은 과연 이를 어떻게 평가하고 있을까? 2020 대선은 그 답이 될 것이다.

2020 대선에서 가장 중요한 3가지 결정 변수는 당파성, 후보의 자질, 이슈로 볼 수 있다. 먼저 '당파성 partisanship'은 미국 정치의 특징이자 전통 중 하나이지만, 최근 극단적인 경향을 보인다는 것은 문제다.

정당의 양극화가 지속적으로 강화되고 있고, 유권자들의 당파적 분열 또한 심화되고 있다. 심지어 정서적 양극화 단계까지 이르렀다는 평가도 나온다. 어떤 이들은 경제 현안보다는 사회적 이슈의 영향력이 커졌다면서, 이념과 함께 인종, 정체성 이슈에서 지지층이 얼마나 결집하는지가 2016년보다 더 큰 변수로 대선에 작용할 거라고 주장한다.

미국의 국명이 'United'가 아닌 'Disunited States of America'로 가고 있다는 자조가 나오기도 했다. 합리적인 사고는 온데간데없고, 지지당에 대한 '묻지마 충성 unquestioning party allegiances'이 난무했다. 심지어 1860년대 '남북전쟁' 내전 때만큼 분열이 심하다는 견해도 있는데, 그도 그럴 것이 공화, 민주 양당은 하루도 빠짐없이 서로를 비난하고 조롱한다. 이제는 워싱턴의 정치뿐만 아니라 가족, 이웃, 지역사회는 물론이고, 종교 집회조차 예외가 되지 않는다.

다음으로, 후보의 자질은 세계 어느 나라나 중요한 영역일 수밖에 없다. 2016년 당시 트럼프 후보는 부패한 워싱턴 정가政街와 기성 질서의 부패 고리인 월가Wall Street에 대항하는 아웃사이더 이미지를 과시했다.

공화당 후보이면서도, 블루칼라 유권자들이 좋아하는 메디케어Medicare 의료보장제도와 사회보장 정책을 유지하는 등 이념적 유연성도 보였다. 바로 그것으로 과거 미국의 영광에 진한 향수를 지닌 노년층과 미국 우선주의를 주장하는 저소득층의 마음을 움직일 수 있었다.

그러나 집권 이후 트럼프 대통령은 거친 언사와 예측

불가능한 행보로 잦은 문제를 일으켰다. 자신의 지지자들을 위한 정책에만 집착하고 분열을 조장하는 정책들을 남발했다. 주류 언론과의 관계는 계속 악화되었고, 국제사회에도 협력을 거부하고 고립의 길을 가면서 자국의 이익만을 챙긴다는 일방주의로 비판을 받았다.

그런데도 법인세 감면, 대중 무역전쟁에서 '중국 때리기' 등으로 대중적 인기를 얻으며 트럼프가 재선에 성공할 것이라는 관측이 우세했다. 코로나19 이전까지만 해도 그랬다.

고령이며 카리스마가 없다는 조 바이든의 약점 역시 트럼프의 우세론에 힘을 실어주었다. 1942년생인 바이든은 2020년 만 77세로 74세인 트럼프보다 나이가 많으며, 대통령에 당선된다면 역사상 최고령 대통령으로 취임하게 된다.

트럼프는 이 점을 공격 포인트로 적극적으로 활용하며, 힘이 없고 졸린 바이든이란 의미에서 '슬리피 조^{Sleepy Joe}'라고 조롱했다. 나중에는 치매 증세 등 정신적인 질환

이 있어 대통령직을 수행하지 못할 것이라는 프레임까지 씌웠다.

그러나 바이든은 고령인 만큼 정치 경력이 매우 풍부하다. 변호사 출신으로 1972년, 만 29세란 젊은 나이에 델라웨어주에서 미국 역사상 최연소 상원의원에 당선되었고, 이후 7회 연속 당선돼 무려 36년간 상원의원을 지냈다.

오바마 행정부에서는 8년간 부통령직을 수행했다. 의원 활동 시 본래 전공인 법률 외에 외교 쪽으로도 전문성을 쌓았고, 세 차례나 상원 외교위원장을 역임했다. 오바마가 바이든을 부통령으로 지목한 것도 자신에게 부족한 외교 전문성을 중요시했기 때문이다.

바이든은 블루칼라 노동자와 잘 섞이는 이미지로 어필했다. 힐러리 클린턴, 나아가 오바마에게는 '강남 좌파' 이미지가 강하다. 미국식으로는 '칵테일 좌파Cocktail Left'라고 하는데, 2016년 대선에서 힐러리 클린턴은 이 이미지로 국민에게 거부감을 주기도 했다.

또한, 바이든의 고령은 약점인 동시에 장점이 될 수 있다. 왜냐하면, 그것은 공화당의 주요 지지층인 노인을 파고들 수 있는 포인트가 되기 때문이다.

2016년 대선 때 바이든은 1년 전 장남 보 바이든[Beau Biden]이 뇌암으로 사망한 일로, 슬픔에서 헤어 나오지 못해 출마를 포기했다. 상원의원에 처음 당선되던 1972년, 아내와 13개월 된 딸을 교통사고로 잃었기에, 그는 유독 장남에게 애틋했다. 어린 시절 교통사고에서 중상을 입고도 극적으로 살아남았으니 그 애틋함이 유별날 만도 하다.

바이든의 비극적인 가족사는 유권자들, 특히 소수자와 가난한 사람들에게 '치유자' 이미지로 작용했다. 바이든은 백인 경찰관에게 희생된 흑인 조지 플로이드의 유족을 만나 위로하는 모습으로 트럼프와는 대조적인 인간미를 어필했다. CNN은 바이든이 "미국의 최고 치유자

healer-in-chief를 추구하고 있다"고 평가했다.[*]

끝으로, 이슈 영역은 다시 세 가지 정도로 압축될 수 있을 것이다. 무엇보다 가장 큰 이슈는 코로나19이며, 경제 상황과 인종차별이 그 뒤를 잇는다.

양극화와 갈라치기 전법

미국은 민주당과 공화당, 양당 체제를 취하는 국가다. 이념적으로 극좌에서 극우까지 다양한 스펙트럼을 가진 유럽과 달리 이념 스펙트럼이 좁다. 그러나 분열의 정도는 유럽보다 더 크다고 평가한다.

민주당으로 대표되는 리버럴 세력과 공화당으로 대표되는 보수는 이념의 거리보다, 실제 마음의 거리가 훨씬

---

[*] 이 표현은 미국의 대통령을 국가안보를 위한 군 통수권자 또는 최고사령관이라는 의미로 쓰는 Commander-in-Chief에 빗댄 것이다. 트럼프가 공감 능력 없는 강한 군인의 모습을 보인다면, 바이든은 사람들에게 매우 친근하게 다가가는 공감의 지도자라는 것을 부각한 것이다.

멀어서 서로를 정말 싫어한다. 좀처럼 타협하기가 어렵다. 이런 양당의 대결적인 관계는 미국 사회의 양극화를 부추겨 왔고, 지지층의 결집 정도가 대선 승리에 결정적 영향을 미치는 구도를 형성한다.

이를 극대화한 것은 물론 트럼프 대통령이다. 이른바 '갈라치기Divide & Rule'가 트럼프의 시그니처 통치술이다. 트럼프가 재선될 경우, 코로나19로 인한 경제적 충격 때문에 그는 한동안 미국 국내 문제에 집중할 가능성이 크다. 지지자들 중심으로 나라를 이끄는 트럼프의 통치술이 바뀔 가능성은 별로 없는 데다가, 트럼프 반대자들의 증오와 혐오는 더욱 커질 것이기에 정치적 양극화와 국론 분열이 더 심해질 것이다.

'민주당은 진보, 공화당은 보수'로 집결되는 현상은 패턴으로 고착될 것이다. 물론 정당 내부적으로는 여전히 다양한 계파들이 존재하고, 여당 내에서도 대통령 의제에 반대하는 의견이 종종 나올 수 있다. 트럼프는 계파 지도자들을 백악관 요직에 임명하는 등 계파 간의 이해

관계 차이로 인한 반대 목소리를 줄이려는 시도를 계속해 왔다.

요컨대, 트럼프가 재선될 경우 미국 레이건 대통령 이후 꾸준히 이어진 정당 간 양극화는 최악의 상황으로 갈 가능성이 크다. 트럼프는 공화당과 대통령의 의견이 일치하는 당파적 대통령의 정체성을 계속 유지할 것이다.

트럼프는 바이든이 당선되면 이는 곧 급진 좌파의 득세를 의미한다고 주장했다. 종교의 자유와 생명의 권리(낙태 반대), 그리고 역사가 훼손될 것이고, 세금은 3배로 인상될 것이라며 보수층을 결집시켰다. 사업장에서 종업원이나 고객이 코로나에 감염되더라도 사업장에 그 책임을 묻지 못하도록 해야 한다고 주장하고, 이민 관련 법률을 더욱 엄격히 하겠다고 공약했다.

나아가 인종차별 시위에서 경찰의 면책 특권을 옹호하고 백인들도 폭력의 대상이 되고 있음을 강조함으로써 '갈라치기'에 열중했다. 백인 노동자, 경찰, 남부 지역 유권자들의 지지를 결집하려는 것이었다.

바이든에 대한 인신공격은 더욱 심해졌다. 바이든에게 '슬리피 조'라는 별명을 붙인 것 외에도, 인지 능력에 심각한 문제가 있다고 공격하며, 그가 당선되면 급진 좌파의 먹잇감이 될 것이라는 프레임을 만들었다. 2개 문장도 완성하지 못하는 바이든은 대통령이 될 경쟁력이 없으며, 그는 자기 집 지하실에서 밖으로 나오지도 못한다고 조롱했다. "조 바이든은 자기가 살아있는지조차 모른다. 그는 정신적으로 너덜너덜한 상태다"라는 말도 서슴지 않았다.

캔슬 컬처와 문화전쟁

미국 외교 전문지 〈포린 폴리시Foreign Policy〉는 2020년 7월 9일, "성급함은 금물: 바이든이 여전히 패배할 가능성은?Not So Fast: How Biden Could Still Lose?"이라는 제목의 기사를 실었다. 요컨대, 섣부른 과신이 패배를 부를 수 있다며 트럼프 대통령의 '문화전쟁culture war' 프레임에 말려들지 말라고 경고한 것이다.

선거전문가들은 경제 악화, 코로나19 재확산 등으로 트럼프가 재선에 실패할 가능성이 커졌다고 입을 모으지만, 트럼프의 캠페인 전략, 바이든 후보의 차별화 및 약점 극복이라는 과제, 그리고 대선까지 남은 시간을 고려할 때 예단은 위험하다.

트럼프는 2016년에 그랬던 것처럼 흑색선전과 권모술수에 매우 능하다. 그중 하나가 바로 최근의 '캔슬 컬처cancel culture' 프레임이다.

캔슬 컬처란 본래 인종, 젠더 등 소수자들을 차별하는 이들을 온라인에서 '왕따' 시키는 젊은 세대의 행동방식을 말하는데, 그런 따돌림 현상이 점차 오프라인으로 확산되었다. 가령 SNS에서 자기 기준에 어긋나는 언행을 하는 정치인이나 연예인의 팔로우를 취소cancel하는 방식은 대표적인 캔슬 컬처에 해당한다. 《매쿼리 사전Macquarie》은 2019년 '올해의 단어'로 캔슬 컬처를 등재했다.

트럼프는 인종차별 항의 시위대의 행위를 캔슬 컬처로 규정했다. 과거에 존경받았던 미국 지도자들의 생전 과오를 끄집어내면서 동상을 끌어 내리고, 역사 유물을 훼손하는 등 시위대의 행위를 캔슬 컬처라 비난하며, 트럼프 지지층을 결집하고, 중도층 표심을 공략하는 포인트로 활용했다.

트럼프는 또, 인종차별 항의 시위자들에 대해 문화전쟁 프레임을 씌워 역공을 펼쳤다. 즉 그들은 미국의 위대한 유산을 망가뜨리는 적대 세력이라는 것이다. 2016년 반(反) 동성애와 반(反) 낙태를 부각한 문화전쟁으로 톡톡히 효과를 본 것을 기억했을 것이다.

플로이드 사건은 미국 사회와 정치를 뒤흔들었다. 미니애폴리스에서 시작된 시위와 방화 사건이 곧 전국으로 확대되었다. 뉴욕, 로스앤젤레스, 애틀랜타, 밀워키, 디트로이트, 워싱턴 D.C., 시애틀 등 주요 도시에서도 폭력 시위와 방화 사건이 발생했다.

인종차별적인 자세를 일관되게 보이던 트럼프 대통령

은 이번 시위가 자신에게 불리할 것을 감지해 이를 역이용했다. 사건 발생 직후부터 미네소타 현장의 대응에 연일 비판을 쏟아냈다.

트럼프가 플로이드의 가족에게 조의를 전하면서 인종차별에 대해 비판적인 의견을 내놓기는 했으나, 이는 원론적인 수준이었다. 그러다가 전국적인 시위가 격화되자 기다렸다는 듯이 시위대를 향해 강한 비판을 쏟아냈다. 이는 1968년 대선에서 리차드 닉슨이 '법과 질서'를 표방함으로써, 베트남 반전 운동과 민권 운동을 불편하게 생각한 보수표를 끌어모은 것과 같은 방식이다.

2016년, 트럼프가 국민의 선택을 받은 결정적인 이유는 반테러와 치안 유지에 관한 차이였음을 그는 기억할 것이다. 이번에도 트럼프는 주 방위군 소집을 촉구하면서 시위를 주도하는 '급진 좌파'를 테러 조직으로 지정하겠다고 밝혔다. 시위대가 백악관에 들이닥치자, "약탈이 시작될 때 총격이 시작된다When the looting starts, the shooting starts."라는 발언으로 불에 기름을 뿌렸다.* 게다가 트럼프는 트위터에 "미국은 안티파^{Antifa}를 테러 조직으로 지정할 것"이라는 트윗을 날렸다. '안티파'란 '안티 파시스트'를 줄인 말로 급진 좌파를 뜻하는데, 이런 조직이 실제 존재하는지는 확인된 바 없다. 미 법무부는 이를 조사할 정부 합동조사팀을 가동하는 등 인종차별에 대한 항의를 '좌파 색출' 국면으로 몰아갔다. 사실 인종차별적 구도를 만들어 지지자들을 결집한 것은 트럼프의 전형적인 방식이었다. 그런 그가 이번에는 바로 그 구도에 대한 강력한 저항의 물결에 맞서게 된 것이다. 이를 인과응보라 해야 할지, 어쩌면 미국식으로 '시적 정의^{poetic justice}'의 사례일지도 모른다.

트럼프는 2020년 7월 3일 독립기념일을 앞두고 러시모어산^{Mt. Rushmore}에서 대선 캠페인 쇼를 펼쳤다. 건조한

---

* 이 발언은 1967년 흑인 시위에 대한 폭력적 보복을 공언한 월터 헤들리(Walter Hedley, 당시 마이애미 경찰서장)가 만든 문구로, 인종차별에 대한 흑인들의 항의를 백인들이 어떻게 바라보는가를 상징하는 말이다.

지대라 산불 위험이 있고 지하수 오염 가능성이 있다는 이유로 2009년 중단했던 불꽃놀이도 그날 재개했다. 마스크 착용이나 '사회적 거리 두기' 따위는 없었다.

러시모어산은 워싱턴, 제퍼슨, 링컨, 루스벨트 대통령 4인의 조각상으로 유명하다. 모두 인종차별과 관련해 오점이 있는 대통령들이다. 워싱턴과 제퍼슨은 노예 소유주였고, 노예 해방의 상징인 링컨은 다코타 원주민 38명을 교수형시켰다. 그리고 루스벨트는 "좋은 인디언 10명 중 9명은 죽은 인디언"이라는 인종차별적 문구를 남겼다. 트럼프는 이 영웅들이 훼손되지 않을 것이며, 그들의 유산은 결코 파괴될 수 없다고 일갈했다. 여기에는 시위대가 역사적 유물을 훼손하는 것에 불만을 품은 여론을 등에 업으려는 의도도 있었지만, 본질적으로는 좌파와 진보세력이 미국의 역사를 청산하려는 조직적인 움직임을 보이는 가운데, 자신은 미국의 역사와 영웅을 존중하고 법과 질서를 강력히 수호하겠다는 프레임을 만들려는 의도가 숨어있다.

러스트벨트를
사로잡았던 트럼프

2016년 왜 트럼프였나?

2016년 많은 이들의 예상을 뒤집고 트럼프가 대통령이 되었다. 그런데도 사람들은 미국의 탄탄한 제도와 민주주의의 경험을 믿었다. 트럼프 개인의 돌발성과 자의성을 충분히 제어할 수 있다고 생각한 것이다. 그러나 이후 약 4년의 시간을 돌아보면, 사람들이 예상치 못한 것은 선거 결과만이 아니었다. 트럼프의 기행과 예측 불가의 정치는 모든 이의 예상을 뛰어넘었다.

최근 다소 힘에 부친 것 같지만, 미국은 여전히 세계 정치를 주름잡는 막강한 패권국이다. 11월 3일의 결과에 미국의 운명을 넘어 세계의 운명이 걸렸다고 해도 과언이 아닌 이유다.

물론 복잡하고 다원화된 세계에서 미국의 대통령이 누가 되느냐에 따라 당장에 세계가 죽고 사는 것은 아니다. 누가 지도자가 되느냐에 따라 완전히 다른 세상이 만들어지도록 방치하는 미국의 제도와 시스템이 아니라는 주장도 있다. 그러나 트럼프 대통령이 임기 동안 미국과 세계에 끼친 충격은 이런 주장을 무색하게 한다.

2020년 미국 대선은 현 대통령이자 공화당 후보 도널드 트럼프의 재선이냐, 아니면 트럼프의 재선을 막고 민주당 후보 조 바이든 후보가 정권을 가져오느냐를 판가름하는 장이다. 이번 대선을 전망하고 예측하기 위해 먼저 2016년 대선으로 돌아가 보자.

인트로에서 살펴봤던 것처럼 자유주의 국제질서의 클라이맥스라고 할 수 있는 세계화는 후진국, 선진국 할 것

없이 빈부 격차라는 중병을 가져왔다. 이와 함께 이민, 낙태, 동성애 등 자유주의와 진보적인 변화들에 대해 전통, 보수세력의 불만이 깊어졌고, 기성 정치권을 향한 불만은 폭발할 지경이 되었다.

오바마 행정부 8년은 국제정치적으로는 다자주의와 국제협력 및 통합의 가치를 중요시하고, 국내적으로는 이민자와 소수자들을 우대하는 정책을 폈다. 인종적으로도, 미국 역사상 최초로 흑인(유색인종)이 정권을 잡은 것이었다.

미국의 원래 주인은 자기들이라고 생각했던 백인들의 불만과 증오는 점점 커졌다. 2016년 미국이 트럼프를, 영국이 브렉시트를 선택한 것은 기존 자유주의 질서에 대한 반동을 의미했다.

당시 트럼프에 집중적으로 투표한 이들은, 흥미롭게도 전통적 민주당 지지층인 미시간 등 '쇠락한 공업 지역^{Rust} ^{belt}'에 거주하는 백인 노동자들이었다. 이들에게 힐러리 클린턴은 여성 엘리트이자 기득권자일 뿐이었고, 입으로

만 소수자를 위한다는 위선자 이미지가 강했다. 그들은 힐러리 클린턴 대신 트럼프가 변화를 가져올 수 있다고 믿었다.

당시 〈뉴욕타임스〉가 여러 차례 낸 분석 기사를 살펴보면, 두 후보는 사용한 어휘에서부터 큰 차이를 보였다. 클린턴이 '사랑love' 돌봄care' '희망hope' 같은 긍정적인 단어를 주로 사용했다면, 트럼프는 '거짓lie' '기득권establishment' '분노anger' 같은 부정적인 단어로 대중을 자극했다.

미국 역대 대통령 선거 캠페인에 이 정도로 감성적이고 감정적인 단어들이 난무했던 적은 없었다는 게 대체적인 평가였다. 당시 트럼프 후보는 "워싱턴의 오물을 청소하자Drain and Swamp"라는 구호로 기득권에 대한 대중의 분노를 자극하고 선동했다.

대선 직전 미국의 유력 여론조사 13개 중 12개가 모두 힐러리 클린턴의 승리를 예측했다. 〈뉴스위크〉는 힐러리 클린턴의 승리를 예상하고 '마담 프레지던트Madam

[그림 4-1] 〈뉴스위크〉 '마담 프레지던트' 스페셜 에디션 표지(2016. 11.8)

※ 2020년 9월 현재 아마존닷컴에서
US$125에 판매되고 있음.

-President'라는 타이틀로 12만 5,000부를 인쇄해두었다가 폐기 처분하는 이변의 희생자가 되었다([그림 4-1] 참조).

이전에도 비슷한 해프닝이 있었다. 1948년 11월 3일, 해리 트루먼 대통령의 재선이 달린 선거에서, 많은 언론이 공화당 도전자였던 토마스 듀이의 승리를 예상했다. 〈시카고 데일리 트리뷴〉은 "듀이가 트루먼을 이겼다

[그림 4-2] 1948년 11월 3일 〈시카고 데일리 트리뷴〉

※ 재선에 당선된 트루먼 대통령이 자신의 패배를 예상했던 〈시카고 데일리 트리뷴〉을 들고
   있는 장면

(Dewey Defeats Truman)"라는 1면 헤드라인으로 미리 신문을 찍어두었다. 당선자 트루먼 대통령은 이 신문을 보이며 자신의 패배를 예상했던 언론을 향해 놀리듯 의기양양한 미소를 지었다([그림 4-2] 참조).

코로나9 × 미국 대선,
그 이후의 세계

관건이 되는 경합 주들

미국 대통령 선거제도의 특성상 전국 단위의 정보는 상대적으로 중요성이 덜할 수밖에 없다. 이를테면, 현직 대통령의 전국 지지율, 전국 단위의 실업률, 전국 단위의 경제 성장률은 그다지 큰 변수가 되지 못한다. 그것보다는 '경합 주battleground states' 또는 '스윙스테이트swing states'에서의 승부가 결정적이다.

2016년 대선 결과는 이런 미국의 특징을 극단적으로 증명한 사례라고 할 수 있다. 당시 트럼프는 4개의 경합 주 또는 스윙스테이트에서 예상을 뒤엎고 승리했는데 그중 미시간, 위스콘신, 펜실베이니아에서 단 7만 7,734표를 이기고도 선거인단 수로는 46인을 모두 싹쓸이했다. 플로리다주까지 더하면 19만 표만 이기고도 75석을 모두 가져갔다([그림 5] 참조). 만약에 클린턴 후보가 미시간, 위스콘신, 펜실베이니아에서 모두 승리했다면, 278석을 확보하므로 승리할 수 있었다.

[그림 5] 2016년 미국 대선 결과

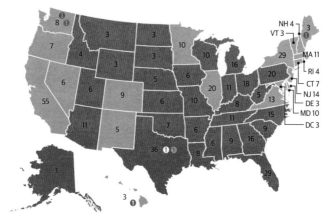

	트럼프	힐러리
득표수	62,984,828	65,853,514
득표율	46.1%	48.2%
선거인단	306	232

2016년 미시간, 펜실베이니아에서 공화당 대통령 후보가 승리한 것은 1988년 이후 최초였고, 위스콘신에서는 1984년 이후 최초였다. 이들 3개 주는 민주당의 전통적인 지지 지역으로 '블루 월Blue Wall', 즉 파란색(민주당을

상징하는 색)의 아성이다. 그래서 더욱, 2016 미국 대선은 러스트 벨트에 거주하는 교육 수준이 낮은 백인들의 반란으로 평가할 수 있다.

그럼 2020년은 어떨까? 우선, 8월 현재 트럼프 대통령은 자신의 승리에 결정적인 역할을 해준 블루 월 3개 주에서 바이든 후보에 밀려 열세를 면치 못했다. 전국 여론조사를 종합하는 '리얼 클리어 폴리틱스RealClearPoltics: RCP'의 평균을 보면, 8월 초 현재 위스콘신, 미시간, 펜실베이니아 3개 주의 지지율 차이는 각각 48% vs 43%, 49.3% vs 41.5%, 49.4% vs 43.4%로 바이든이 우세를 보였다.

그 밖에도 애리조나, 노스캐롤라이나, 네바다주가 경합 주이며 플로리다, 조지아, 오하이오주 등도 경합 주로 보고 있다. 게임은 트럼프 대통령에게 불리하게 돌아가고 있는 것으로 보인다. 트럼프에게 가장 우호적인 시나리오를 보더라도, 2016년에 획득한 선거인단 숫자에서 블루 월 3개 주에 속한 46명만 표를 옮겨도, 트럼프는

[표 1-1] 2016 경합 주 선거 결과

경합 주(선거인단 수)	트럼프 : 클린턴	득표 차이
미시간(16)	2,279,543 : 2,268,839	10,704
위스콘신(10)	1,405,284 : 1,382,536	22,738
펜실베이니아(20)	2,970,733 : 2,926,441	44,292
플로리다(29)	4,617,886 : 4,504,975	112,911

[표 1-2] 2020 경합 주 우세 후보 현황

경합 주	우세 후보자	지지율 차이
위스콘신	바이든	+3.5
플로리다	바이든	+3.7
미시간	바이든	+2.6
펜실베이니아	바이든	+4.7
노스캐롤라이나	트럼프	+1.0
애리조나	바이든	+2.2

※ 출처: RealClearPolitics(2020.9.2.)

260명 확보로 선거에서 패배한다는 전망이다.

트럼프 대통령이 이를 만회하기 위해서는, 2016년에 패배했던 미네소타, 네바다, 뉴멕시코, 뉴햄프셔주 등을 차지해야 한다. 그러나 이들 주 역시 모두 바이든 후보가 앞서고 있는 실정이다. 더욱이 트럼프 대통령은 플로리다에서도 바이든 후보에 상당한 정도로 뒤지고 있으며 오하이오주와 조지아주에서도 근소하기는 하지만 바이든 후보에게 뒤지는 것으로 나타났다.

이런 상황에서 트럼프 대통령은 일단 260명의 선거인단이라도 안정적으로 확보하기 위해 노스캐롤라이나, 애리조나, 조지아, 네바다주 등에 집중해서 선거 운동을 펼쳤다. 반면 바이든 후보는 블루 월 3개 주와 함께 플로리다, 노스캐롤라이나, 애리조나주 등에 선거자원을 집중했다. 전체적으로 볼 때, 이들 블루 월 3개 주의 판세가 크게 변하지 않는다면 트럼프 대통령은 다른 주에서 만회해야 하는데, 그게 쉽지 않아 보인다.

트럼프의 재선 전망

이처럼 트럼프 대통령의 재선 전망은 매우 부정적이다. 그런데다 자주 40% 아래의 지지율을 기록하고 있다. 전국 지지율은 비교적 덜 중요하다는 점을 고려하더라도, 게다가 트럼프가 2016년처럼 여론조사를 뒤집는 불가측의 인물이라 하더라도, 1948년 트루먼 대통령 당선 이래 역대 어느 대통령도 40% 미만의 지지율로 승리한 적이 없다.

CNN방송은 2020년 7월 보도를 통해, 1940년 이후 현직 대통령이 출마한 역대 미국 대선에서 본선 4개월을 앞두고 50% 넘는 지지율을 보인 후보가 패배한 적은 없었다며 "이변이 일어나지 않는 한 트럼프가 재선하기는 어렵다"라고 논평했다. 〈이코노미스트〉지 역시 최근 컬럼비아대학교 응용통계학센터와 공동으로 만든 예측모델로 계산한 결과, 트럼프 대통령이 재선에 성공할 확률은 겨우 15%에 그친다고 밝혔다.

2016년 대선 당시 트럼프의 어젠다는 국내적으로는 기성 질서establishment의 배격, 대외적으로는 '미국 우선주의America First'의 높은 기치였다. 그는 공화당 내 주류 친기업 기득권 세력이 이민문제 등에 적극적으로 대처하지 못한다는 비판을 앞세워 당내 경선에서 돌풍을 일으켰고, 압도적인 차이로 대통령 후보가 되었다.

이후 대선 본선에서는 클린턴 후보를 부패한 기득권 세력의 대변인, 입으로만 블루칼라 편이라는 위선자라고 공격했다. 그러면서 민주당은 오히려 미국 블루칼라의 일자리를 빼앗은 다자간 자유무역의 신봉자이며, 개방적인 이민 정책과 위선적인 '정치적 올바름politically correct'으로 미국의 안보를 위태롭게 하고 미국의 영혼을 팔아넘긴 비애국적인 정당으로 몰아붙였다.

2016년 당시 트럼프 공화당 후보는 '백인 민족주의white nationalism'에 편승해 반이민 정책을 부르짖었고, 미국의 주권과 국익을 내세움으로써 백인 블루칼라 유권자의 강력한 지지를 얻었다. 그렇게 트럼프는 블루 월 3개 주를 포함해 민주당 텃밭에서 승리해 대통령에 당선되었다.

코로나19 팬데믹에 터진 인종차별 사건

두 후보의 코로나 전략

전대미문의 코로나19는 미국의 정치까지 뒤흔들고 있다. 코로나19 사태 초기만 해도 트럼프의 재선에 유리한 듯 보였다. 왜냐하면, 전쟁이나 재난 같은 위기 상황에서는 애국심과 단결심이 발동해 이른바 '깃발 주위로 결집 rally around flag'하는 현상이 있기 때문이다.

실제로 이 사태 초기에는 트럼프 지지율이 높았다. 하지만 사태는 해결의 기미 없이 급속도로 나빠졌고, 정부의 미숙한 대처가 지속되면서 트럼프 지지율 하락에 영향을 미쳤다.

미국의 코로나 확진자는 2020년 9월 초 현재, 600만을 넘어 1,000만 명을 향해 가고 있으며, 사망자는 19만 명을 넘어섰다. 이는 미국의 최근 3대 전쟁이라 불리는 제1차 세계대전의 사망자(5만 3,000여 명), 한국전 사망자(5만 3,000여 명), 베트남전 사망자(5만 8,000여 명)를 모두 합한 것보다 훨씬 많은 수치다.

이를 타개할 트럼프의 전략은 현 상황을 초래한 외부를 집중 비난하는 것이었다. 비난의 대상은 중국과 세계보건기구WHO로, 코로나 이전까지 최상의 상태였던 미국 경제가 코로나를 일으킨 중국 때문에 침체에 빠졌다는 식의 프레임을 가동했다.

한편, 민주당은 2008년의 경제위기를 극복했던 경험과 에볼라바이러스 위기를 극복한 사례에서 공화당 정권보다 우수하다는 점을 적극적으로 강조했다. 또한 트럼프 정부는 코로나19 사태를 제대로 대처하지 못했고, 리더 자질도 없다고 집중적으로 비판했다. 민주당은 이를 통해 기존의 진보층이 이탈하는 것을 막는 동시에 중도층의 표심을 확보한다는 두 마리 토끼 잡기에 나섰다.

다음으로, 경제 이슈는 이번에도 중대한 관건이다. 트럼프 임기 대부분, 미국 경제는 좋았다. 물론 트럼프의 자화자찬만큼 경제 호황이 그의 공이라고 볼 수는 없지만, 적어도 경제가 호조를 유지했다는 것은 사실이다.

특히 2018년 법인세 인하로, 미국 전체가 주식시장을 포함해 대단한 호황을 맞이했는데, 이때만 해도 트럼프의 재선은 '떼 놓은 당상' 같았다. 게다가 현직 대통령의 재선은 미국 역사상 단 5회의 예외만 있을 정도로 불패론에 가깝다. 이 같은 현직 대통령의 프리미엄까지 등에 업은 트럼프는 4년 전의 당선 가능성을 압도적으로 상회하는 가능성으로 재선될 분위기였다.

한편, 민주당 후보는 일찌감치 바이든으로 결정되었는데, 오히려 때 이른 대세론으로 흥행몰이에 실패했다. 인물의 신선함이라든가, 매력적인 대항마로서의 이미지가 부족했다. 이런 이유들로 인해 아이오와주의 코커스에서는 트럼프의 재선이 거의 확실시되는 분위기였다. 그러나 복병은 역시 코로나19였다. 코로나19를 맞으면서 미국 경제도 선거판도 180도 바뀌었다.

인종차별 이슈

세 번째로, 인종차별 이슈가 있다. CNN은 플로이드 사건이 한창이던 지난 6월 2일~5일 전국 성인 1,259명을 대상으로 여론조사를 실시했다. 그 결과 42%가 올해 대선에서 매우 중요한Extremely important 문제는 인종 문제라고 답했다.

2020년 5월 25일 미네소타주 미니애폴리스에서 흑인 조지 플로이드가 경찰의 과잉진압으로 사망하는 사건이 발생한 이후, 인종차별에 항의하는 시위가 전국으로 확산하면서 트럼프에 대한 지지율에 큰 타격을 주었다. 6월

중순 유력 기관들이 국정 지지도를 조사한 결과, 처음으로 40% 아래로 하락했고, 바이든 후보의 지지율은 상승세로 돌아섰다. 4월 말, 바이든에게 4% 정도 뒤진 전국 지지율 차이가 플로이드 사건이 벌어진 5월 25일 직후에는 10%로 크게 벌어졌다.

미국의 역대 대통령 중 재선에 실패한 대통령은 다섯 명뿐이었다. 그로버 클리블랜드 대통령은 연임은 아니었지만, 25대와 27대를 지냈다. 두 번 이상 대통령을 지낸 사람은 총 20명이다. 그렇다면 현역 대통령의 프리미엄에도 불구하고 재선에 실패한 이유는 무엇이었을까?

우선, 윌리엄 태프트 대통령이다. 그는 한국의 운명을 일본에 맡겨버렸던 가쓰라-태프트 밀약(1905)의 장본인이기도 한데, 대통령직을 전반적으로 잘 수행하지 못했다. 허버트 후버 대통령은 1920년대 말 대공황을 초래한 책임으로 재선에 실패했다. 제럴드 포드는 석유파동으로 경제가 어려워지면서 지미 카터에게 패배했고, 지미 카터 역시 주 이란 미 대사관 인질 사건으로 대표되는 외교

실패로 낙마했다. 아버지 부시는 냉전을 종식하고 걸프
전을 승리로 이끌어 찬사를 받았지만, 결국 임기 말에 경
제가 나빠지면서 재선에 실패했다.

미덥잖은 여론조사

2020 미국 대선 결과는 누구도 예단할 수 없다. 전국
여론조사 가운데 바이든의 우세가 두 자리 숫자를 기록
하는 곳도 많지만, 여전히 가변적이다. 과연 트럼프는 어
떻게 될까? 재선에 성공해서 오바마 다음으로 연임에 성
공한 대통령에 이름을 올릴까? 아니면 조지 부시 대통령
다음으로 연임에 실패한 대통령 명단에 이름을 올릴까?
　각종 여론조사 결과만 보면, 거의 모든 지역에서 트럼
프는 바이든 후보에 뒤졌다. 1964년 이후, 대통령 당선
으로 직결된다는 오하이오주에서 두 후보는 접전 중이었
고, 전통적인 공화당 텃밭인 텍사스주까지 트럼프가 열

세로 돌아섰다. 세대별로 볼 때, 트럼프 대통령의 확고한 지지 기반이었던 65세 이상의 고령층에서도 트럼프 지지를 철회하는 현상이 심각했다.[*]

인종별로 봐도, 과거 트럼프에게 많은 지지를 보냈던 백인 유권자들은 현재, 학력에 상관없이 바이든 후보에게 큰 폭으로 돌아섰다.

그러나 미국 대선은 전국 득표수가 아닌 주별 선거인단 수에 의해 당락이 결정되는 만큼 경합 주들의 판세에 계속 주목할 필요가 있다(미국 선거제도에 관해서는 부록 참조). 2016년 선거 막바지 전국 단위 여론조사 13개 가운데 12개가 클린턴 후보의 당선을 예상한 바 있다. 이는 여론조사에서 표본의 문제를 드러낸 결과이기도 했다. 즉, 트럼프 지지층인 저학력 백인들의 대표성을 과소평가한 반면, 클린턴 지지층인 이민자와 흑인의 지지율은

---

[*] 2016년 대선에서 트럼프 후보는 65세 이상 유권자 표의 56%를 가져가 힐러리 후보의 41%를 압도적으로 따돌린 바 있지만, 2020년 8월 초 이 계층의 지지율을 보면, 트럼프가 45%, 바이든이 50%이다.

과대평가했음이 드러났다.

여론조사의 신뢰도는 여전히 문제가 되고 있다. 미국의 다양한 여론조사 기관들은 나름의 예측성을 높이기 위해 가중치를 부여하는데, 때로는 그것이 정확한 예측을 방해한다. 특히 주류 언론과 현장의 분위기는 다를 수 있다.

투표율도 중요한 변수로 떠올랐다. 코로나 상황이 대선 때까지 개선되지 않는다면 지지율과는 별개로 투표율에 영향이 있을 수 있다. 안 그래도 투표에 소극적 경향이 있는 민주당 지지층들의 투표율은 영향을 받을 수 있다. 지지 유권자의 투표 열정 또한 변수가 될 수 있다. 현재 바이든 후보의 우위는 경쟁자의 실수로 인한 반사이익에 의존한 것이므로, 불안한 우위라 할 수 있다.

특히, 바이든 입장에서 지지자들의 열기가 부족하다는 약점은 늘 우려의 대상이다. 지지자들의 열기에 많은 가중치를 부여하는 방식으로 선거 결과를 예측하는 뉴욕주립대의 헬무트 노르포스Helmut Norphos 교수는 트럼프 대통령의 재선 확률을 91%로 보았다. 그런 예측 기법으로 1912년 이래 27차례의 대선 중 25차례를 정확히 맞혔다고 그는 주장한다.

트럼프는 바이든에 비해 비교적 열렬한 '콘크리트 지지자'들을 많이 가지고 있다. 여기에 숨어서 지지하는 '샤이 트럼프Shy Trump'까지 감안하면, 현재의 조사 방법으로 정확한 예측은 더욱 어려워진다. 게다가 사람의 성향상, 자기가 좋아하는 사람을 찍으려고 투표할 가능성이, 자기가 싫어하는 사람을 떨어뜨리려고 투표할 가능성보다 높은 게 사실이다.

대선 투표에 참여하는 이유에 관한 설문은 이 논리에 힘을 실어준다. 바이든 후보의 지지자들은 투표 참여 이유를 '트럼프에 대한 혐오'라고 답한 비중이 높다(62%). 이에 반해, 트럼프 지지자들은 '트럼프에 대한 애정'이라고 답한 비중(81%)이 높다.*

* 괄호 안의 숫자는 선거 관련 여론조사 기관 중 상당한 신뢰성을 가졌다고 평가받는 퀴니피

물론 여러 변수가 있다. 특히 인종차별 이슈는 트럼프에 대한 혐오의 강도를 한층 높였기 때문에, 그를 떨어뜨리기 위해 투표할 사람들이 이례적으로 많아질 가능성도 배제할 수는 없다.

바이든은 민주당 주요 지지층인 흑인들이 낮은 투표율을 보였던 2016년 상황을 반복하지 않으려는 데 집중했다. 코로나 감염 확산을 이유로 대규모 오프라인 유세는 최소화하고 효과적인 메시지 발신에 주력했다.

물론 코로나 초기, 트럼프 대통령이 연일 기자회견을 열고 활발한 움직임을 보인 데 반해, 바이든은 자택에만 머물러 존재감이 미미했다는 우려도 있었다. 그러나 이 역시 트럼프가 연일 자충수를 두는 상황에서 오히려 절제된 행보low key를 통해 반사이익을 극대화하는 전략이었다는 평가도 받았다.

코로나 백신의 개발 시점도 영향을 줄 것이다. 트럼프

<hr>

악대학(Quinnipiac University)에서 2020년 7월 15일 조사한 결과이다.

대통령은 오래전부터 미국이 빠른 기간 내에 코로나 백신을 개발해 문제를 깔끔하게 해결할 것이라고 장담했다. 전문가들에 따르면 대선 전에 백신이 나올 가능성은 희박하다. 그러나 트럼프는 사실 여부를 떠나 백신이 선거 전후로 개발된다고 계속 주장했다. 개발이 늦어질 경우, 선거 직후에 개발될 것이라고 주장할 것이다.

2016년 11월, 필자는 국내의 한 TV에 출연해서 생방송으로 미국 대선을 해설했다. 그때 받은 충격은 지금도 생생하다. 방송국 스튜디오 한쪽에선 미국 CNN발 개표 상황이 계속 업데이트되고 있었는데, 힐러리의 승리를 확신했던 언론이나 전문가들의 예상을 뒤엎고 이변이 벌어지고 있었다. 투표가 끝난 직후에는, 트럼프 후보의 선거캠프를 지휘하던 선대본부장이 인터뷰에서 패배를 예상한 듯 최선을 다했다는 식으로 심경을 전하기도 했다.

40년간 적중한 선거전문가의 예상

앨런 라이트만^{Allan Lightman} 아메리칸대학 교수는 1984년 이래로 대선 결과를 모두 정확하게 예측한, 자타공인 선거전문가로 유명하다. 그는 2020년 8월 5일 〈뉴욕타임스〉에 대선에서 트럼프의 패배를 예상하는 글을 실었다. 그 근거로 13개의 키가 되는 지표를 내놓았는데, 그 지표들의 핵심 명제는 현직 대통령의 역량과 성과를 거시적 관점에서 바라본 것이었다.

라이트만 교수의 방식은 대선 전망에 있어 여론조사나 전문가의 견해, 선거캠프의 일일 동향 등 미시적인 현상에 과도하게 의존하지 않는 것을 특징으로 한다. 1860년부터 최근까지 오랜 기간 연구한 지표를 사용하는 만큼, 미국의 정치경제와 대외환경이 엄청난 변화를 겪는 과정에서도 유효할 수 있었다. 그동안의 결과가 이를 증명한다. 라이트만 교수가 사용한 13개의 지표는 다음과 같다.

1. 집권당이 중간선거 후 직전 중간선거보다 많은 하원의석을 보유
   한다.

2. 여당 내 현직 대통령에 대한 심각한 경쟁자가 없다.

3. 현직 대통령이 여당의 후보다.

4. 경쟁력 있는 3당 또는 무당파 대선 후보가 없다.

5. 선거가 있는 해에 단기적으로 경기 불황이 없다.

6. 현 대통령 임기의 1인당 실질 경제성장률이 이전 두 임기 8년
   의 평균 성장률과 같거나 높다.

7. 현 정부가 국가정책의 주요 변화에 영향을 끼친다.

8. 현 대통령 임기 중 지속되는 사회 불안이 없었다.

9. 현 행정부는 주요 스캔들에 휘말리지 않았다.

10. 현 행정부는 외교, 군사 문제에서 큰 실패가 없었다.

11. 현 행정부는 외교, 군사 문제에서 큰 성공을 거두었다.

12. 집권당 후보가 카리스마가 있거나 국민적 영웅이다.

13. 도전 후보가 카리스마가 없거나 국민적 영웅이 아니다.

이 13개의 지표에서 맞는 것을 O, 틀린 것을 X라 했

을 때, X가 6개 이상이 나오면 현직 대통령이 떨어지는데, 이번에는 X가 7(1, 5, 6, 8, 9, 11, 12)개가 나와서 트럼프는 떨어진다.

다만 라이트만 교수가 우려하는 의외의 돌발변수는 트럼프가 부정선거 등을 언급하며 투표 압박voter suppression을 가하는 것과 러시아 등 외세의 개입이다. 이 두 가지가 크게 작용하지 않는다면 트럼프는 패배할 것이라고 그는 예측했다.

트럼프가 부정선거 가능성에 집착하는 이유

10월의 서프라이즈

이 책이 출판되는 시점부터 11월 3일 선거 당일까지 판도를 흔들 엄청난 사건이 벌어지지 않는다면, 바이든의 승리 가능성이 크다. 대선 직전, 판도를 뒤흔들 엄청난 사건을 '10월의 서프라이즈October Surprise'라고 부른다.

2000년 대선에서도 10월의 서프라이즈가 있었다. 당시 조지 W. 부시(아들 부시) 후보가 과거 음주운전을 해 체포된 일이 있다는 사실을 한 지역 방송이 폭로한 사건이었다. 이 일로 조지 W. 부시 후보는 주 지지층인 보수 기독교인들의 지지를 잃고 고전을 면치 못했다.

2016년 대선 때도 10월의 서프라이즈가 있었는데, 힐러리 클린턴 후보자 이메일을 재수사하겠다는 FBI의 발표가 그것이었다. 이 사건이 대선 결과에 얼마나 영향을 미쳤는지는 알 수 없으나, 박빙을 넘어 트럼프가 역전했다는 점을 고려하면, 결정적인 영향이 있었다는 말도 가능하다.

이런 가운데 전통적으로 민주당 지지 성향이 강한 흑인들의 투표 참여율에 관심이 커지고 있다. 각종 여론조사에서 흑인 유권자들이 바이든에 거의 절대적인 지지를 표하고는 있지만, 문제는 실제로 이들이 투표장에 나가 투표할 것인가이다.

최근 인구조사census에 의하면 2019년 7월 기준으로 전체 미국 인구의 13.4%인 약 4,400만이 흑인이다. 2018~2019년 퓨 리서치Pew Research 조사에 따르면 흑인 유권자의 65%는 민주당 소속이고 26%는 무소속, 그리고 5%만 공화당 소속이었다. 민주당 지지층이 83%에 달한 반면, 공화당 지지층은 10% 수준이었다. 1936년 이후 역대 모든 대선에서, 흑인들이 민주당 후보에 압도적인 지지(최저 61%, 최고 95%)를 보냈으나 반드시 민주당 승리로 이어진 것은 아니었다. 투표에 소극적인 성향을 지닌 흑인 유권자들이 변수인 이유이다.

지난 2016년 대선 당시 힐러리 후보는 흑인 인구 비중이 높은 10개 지역 중 6개(미시시피, 루이지애나, 조지아, 사우스캐롤라이나, 앨라배마, 노스캐롤라이나)에서 트럼프에게 패배했다. 그러나 현재는 다르다. 이들 주민들은 바이든 후보를 압도적으로 지지하고 있다. 여론조사마다 바이든에 대한 지지가 90%를 넘은 반면, 트럼프에 대한 지지는 5% 내외에 머물렀다.

우편투표 정말 괜찮을까?

2016년 10월 19일, 네바다주 라스베이거스 네바다대학에서 열린 3차 TV토론에서 트럼프는 선거 조작설을 제기하며 선거 결과에 불복할 것을 시사한 바 있다. 대역전극을 통해 대선에서 승리한 뒤에도 캘리포니아와 뉴햄프셔에서 패한 이유는 민주당의 투표 조작 때문이라고 주장했다.

2020년 6월 12일 트럼프는 '폭스뉴스' 인터뷰에서 "대선에서 패배할 경우 다른 일을 하겠다"라며 수용 가능성을 보인 적도 있지만, 대부분의 언론 인터뷰에서는 애매하게 답하거나 불복 가능성을 내비쳤다.

트럼프가 문제 삼은 것은 우편투표였다. 이번 대선 때 우편투표로 인해 선거결과가 '조작rig'될 것이라는 식으로 자주 이야기했다. 2016년 대선의 전체 유권자 투표에서 힐러리 클린턴에 거의 300만 표로 진 것에 대해서도, 우편으로 이루어진 불법 투표 때문이라는 주장을 굽히지 않는다. 2018년 11월 중간선거 결과에서 공화당이 하원을 민주당에 내준 것 또한 우편투표에 의한 불법 투표가 많았기 때문이라고 주장했다.

원래 우편투표는, 부재자 투표와 장애가 있는 경우에 한해서만 허용하지만, 코로나19로 인한 안전 문제 때문에, 모든 유권자에게 조건 없이 우편투표를 허용하는 주들이 늘어나는 추세다. 2020년 7월 22일 현재, 34개 주와 워싱턴 D.C.가 '별도의 사유 없이도 우편투표no-excuse mail voting'를 허용했고, 다른 7개 주도 코로나 팬데믹을 우편투표 사유로 인정했다.

우편투표의 경우, 선거 당일까지 발송되는 투표지를 유효표로 인정하고 있어, 11월 3일 선거 당일 밤에 당선인이 확정되지 못할 가능성이 크다. 최종 집계까지 상당한 시간이 소요될 수 있다는 점도 트럼프의 불복 가능성을 높이는 이유다.

트럼프가 선거 당일 직접투표에서는 승리했지만, 우편투표 결과에서 승부가 뒤집히는 경우 그럴 가능성이 높다.

미국 대선은 우편투표를 최종 집계하는 데 이틀 또는 사흘이 걸린다. 그런데도 우편투표 비중이 작았기 때문에, 그동안은 문제가 되지 않았다. 하지만 34개 주에서 1억 명에 가까운 사람들이 우편투표를 할 수 있다니, 이런 규모라면 당일 직접선거 결과만으로 당선자를 공표하는 건 무리일 수 있다. 일단 공표한다 하더라도 최종 집계에서 뒤바뀔 수 있다.

트럼프는 우편투표를 확대할 경우, 수백만의 무효표와 외국 정부에서 발송된 불법적인 투표용지가 속출할 것이라고 주장했다. 설상가상, 트럼프 정부의 비용 절감 조치로 우편 서비스 인력이 줄어들어, 투표용지가 배달 지연되는 사태도 대거 속출할 수 있다고 〈워싱턴포스트〉지는 전망했다. 우편투표 물량이 많아지면, 수작업으로 진행되는 개표 작업에 더 많은 시간이 걸리고 유, 무효 여부를 두고 소송이 잇따를 가능성도 있다.

최근 미국 선거의 패턴을 보면, 개표 작업 후반부에 민주당 후보의 득표율이 급상승하는 이른바 '블루 시프트Blue Shift' 현상이 관찰된다. 민주당 지지층은 공화당 지지층에 비해 저소득층이 많아서 선거 당일, 일을 마친 후에(미국은 우리나라와 달리 선거일이 공휴일이 아니다) 투표하거나 우편투표를 하는 경우가 많아서 생기는 현상이다. 투표함이 늦게 도착하면, 개표도 늦어진다.

11월 3일 선거 직후 개표에서 트럼프가 우세하다가, 최종적으로 이 '블루 시프트'에 의해 바이든이 승리할 가능성이 있다. 이 경우 트럼프는 선거 조작을 제기하며 불복할 가능성이 크다.

트럼프도 우편투표를 이용할 유권자가 백인보다는 소수인종이 더 많을 것을 잘 알기에 연일 우편투표에 대한 문제점을 지적하고 음모론을 퍼트렸다. 과연 트럼프의 우려대로 우편투표는 선거 조작에 이용될 수 있을까?

전문가들은 철저한 개인 정보 대조와 바코드를 이용해 투표용지를 추적할 것이고, 다양한 보안 조치를 적용하고 있어서 문제의 여지는 거의 없다고 한다.

선거인단은 믿을 수 있나?

미국 대선은 전체 유권자 투표 결과에 따라, 각 정당이나 주의회가 선출한 선거인단이 12월 14일 모여서 형식적이지만 실제 투표를 한다. 이때 선거인단은 각 주에서 나온 투표 결과 그대로 투표해야 하지만, 가끔 '신뢰할 수 없는 투표faithless vote'라고 불리는 배반 행위도 나오고 있다.

2016년 대선에서도 비슷한 일이 있었다. 당시 선거인단 538명 가운데 304명은 트럼프를, 227명은 클린턴을 찍었다. 나머지 7명은 대선 후보가 아닌 다른 정치인을 찍었다. 이는 고의적인 배반 행위이다. 접전 상황에서는 한두 명의 배반도 논란이 될 수 있다. 현재 미국의 내분 상황을 생각해보면, 결과를 뒤집을 수 있는 배반 표가 나올 가능성이 있다.

트럼프가 선거 직전에 투표일을 연기하려고 할 수도 있다. 그는 그 이유로, 러시아를 포함한 적대국들의 선거

개입 또는 해킹을 들지 모른다. 선거에 패배한 뒤 백악관을 떠나지 않고 인수인계를 거부할 가능성도 있다.

그러나 이와는 무관하게 바이든 당선이 공식화된다면 수정헌법 제20조에 따라 트럼프의 임기는 2021년 1월 20일 정오에 종료된다. 만약 트럼프가 1월 20일 정오까지 백악관 집무실을 비우는 것을 거부한다면, 새 행정부에 의해 강제 구인될 수 있다.

최악의 경우, 트럼프를 지지하는 보수세력 중 극우 진영이 전국적으로 무력 폭동을 일으킬 수 있고, 그를 지지하는 주가 총기로 저항하면서 연방 분리를 요구해 내전이 벌어질 가능성도 생각해볼 수 있다.

4년 더 말고 영구 집권?

트럼프 대통령의 선거 운동 포스터에는 'four more years(4년 더)'가 아닌, '4EVER'라는 문구가 적혀 있다.

[그림 6] 2020 트럼프 선거캠프 포스터

※ 4EVA는 'forever(영원히)'와 발음이 비슷하다. 연도를 표시한 표지판에도 2020이 아닌, 2040, 2044, 2048...등이 적혀있다.

선거 동영상에 나오는 표지판에는 연도가 2020, 2024, 2028 … 2048로 계속 불어난다. 심지어 1000, 2000 … 6000도 나온다. 그 뒤에 나오는 '4EVA'라는 단어는 발음이 'forever(영원히)'와 비슷하다. 트럼프가 영구 집권을 노린다는 소문이 커진 이유이다. 일부 비판적인 매체는 "불복 시 연방군을 투입해 트럼프 대통령과 그 가족을 끌어낼 준비를 해야 한다"는 농담 섞인 경고를 내보냈다.

트럼프가 선거 결과에 불복할 경우, 어떻게 될까?

재검표를 통해 시간은 걸리겠지만 상황은 정리될 것이다. 공화당도 비정상적인 절차를 동원하면서까지 트럼프를 옹호할 생각은 없을 것이다. 다만, 트럼프가 백악관 인수인계를 거부하는 등 차기 행정부 안착을 방해할 가능성은 다분하다.

바이든 후보가 압승하지 않는다면 대선 이후 미국은 지루한 법정 싸움과 헌정 질서 중단의 위기에 빠질 수 있다는 경고도 나온다. "이는 미국의 헌법이 '(자동적으로) 평화적 권력 이양'을 보장하는 것이 아니라, 이를 전제로 하기 때문"이라고 앰허스트 칼리지의 법학자 로런스 더글러스Lawrence Douglas는 말한다.

바이든은 순순히 물러날까?

바이든이 접전 끝에 질 경우는 어떨까? 트럼프만 선거

에 불복하라는 법은 없다. 2000년 대선에서 민주당 후보 앨 고어는 선거인단 25인이 걸린 플로리다주에서 불과 537표 차이로 패배하자 강력히 재검표를 요구했다. 앨 고어가 플로리다에서 승리할 경우 대선 결과가 뒤바뀌는 상황이었다.

이 재검표 논란은 한 달간 계속되다가, 마침내 앨 고어가 승복함으로써 종결되었다. 만약 이번에도 비슷한 일이 생기면, 바이든은 앨 고어의 전례를 따를 수 있고, 어쩌면 끝내 승복하지 않을 수도 있다.

제2장

달라질 국제정세, 어떻게 대비할 것인가? - 미국 대선이 국제정세와 세계 경제에 미치는 영향

미국 국내와 대외 관계는 어떻게 달라질까?

트럼프와 동아시아

트럼프가 재선에 성공하면, 대외정책은 지금까지와 마찬가지로 자국 중심주의 기조를 유지 또는 강화할 것이다. 그런 가운데 동아시아 정책을 수립하고 한-미 관계 및 북-미 관계를 다룰 것으로 예측된다. 중국 때리기도 계속될 것이다. 코로나19 상황에 따라 달라지겠지만, 코로나 감염에 대한 중국의 책임 문제는 계속 거론할 것으로 예측된다.

코로나19 × 미국 대선,
그 이후의 세계

중국경제와의 '디커플링decoupling' 조치를 가속화할 것이지만, 수십 년 이상 만들어진 미국 중심의 글로벌 가치사슬에서 중국을 떼어 내는 것은 쉽지 않다. 따라서 그 조치가 구체적으로 이행되기까지는 상당한 시일이 소요될 것이다.

양당제인 미국은 민주당에서 공화당으로, 또는 공화당에서 민주당으로 정권이 바뀔 때, 정책을 180도 바꾸는 일이 빈번하다. 'ABCAnything but Clinton'라는 말이 있었다. 아들 부시가 대통령이 되자, 클린턴이 했던 정책이 아니라면 어떤 것이라도 좋다며 클린턴 때의 모든 정책을 바꿔버린 데서 나온 말이다.

비슷하게 트럼프는 'ABOAnything but Obama' 즉, 오바마가 했던 거의 모든 정책을 뒤집어버렸다. 국내로는 오바마의 의료보험 정책, 이민 정책, 환경 정책 등을 전부 폐기했으며, 대외로는 파리기후협약과 이란과의 핵협정인 포괄적 공동행동계획Joint Comprehensive Plan of Action, JCPOA에서 취임 후 즉각 탈퇴했다.

바이든의 대외정책

바이든이 대통령에 당선되면, 트럼프의 많은 정책에 변화를 줄 것이다. 아마도 자신이 부통령으로 재직했던 오바마의 정책들을 부활하는 방향이 될 것이다.

민주당은 8월 전당대회에서 열 가지 정강 정책을 확정했다. 국내정책으로는 코로나19에 대한 대응, 경제 재건, 건강보험, 사법 개혁, 기본권, 환경, 민주주의, 이민, 교육의 9개 분야를, 대외정책으로는 '미국의 리더십 부활 Renewing American Leadership'을 목표로 삼았다.

눈에 띄는 것은, 민주당 내 온건파와 강경파 세력이 협력해 정책을 만들었다는 점이다. 온건파를 대표하는 바이든은 강경파를 대표하는 버니 샌더스 측과 적극적으로 정책 공약을 조율했다. 보건의료, 교육, 경제, 사법, 이민, 기후변화 등 6개 분야에 대한 정책 실무그룹을 출범시켜 정강 정책을 함께 만들기도 했다. 이는 2016년 대선 패배의 한 이유로 지목된 당내 분열을 의식한 행보라 할 수 있다.

4년 전과 비교하면 공약의 분량은 2배가량 늘어났고, 기후변화(파리기후협약 재가입), 경찰 개혁(공무집행으로 인한 국민의 기본권 침해 시 처벌 면제 기준 강화) 등의 문제는 더욱 강조되었다. 인종차별 연구를 위한 국가위원회도 새롭게 설치할 계획이다. 대외 분야에서는 국방비 지출 감소, 이란 관련 정권 교체 반대 및 핵 합의 복원 등 트럼프 정부와의 차별성을 부각했다. 아프간 전쟁forever war을 종식하고 예멘 내전 관련해 사우디 지원을 중단하는 내용도 포함되었다.

주목할 부분은 동맹국에 대한 변화된 자세다. 동맹 및 전략적 파트너 국가와 긴밀히 공조하겠다는 뜻을 분명히 밝혔다. 미국의 글로벌 리더십을 회복하겠다는 뜻이다. 트럼프 행정부는 지난 4년간 이를 도외시하거나, 아니면 적어도 분담금을 받아내려고 동맹에 일방적인 압박을 가했다고 본다. 민주당이 "America Must Lead Again(미국이 다시 세계를 주도해야 한다)"이라는 슬로건을 채택한 것도 트럼프가 국제사회에서 잃어버린 미국의 신뢰도와 리더십을 되찾겠다는 의지다.

바이든의 국내정책

바이든 행정부는 전통적 민주당 노선을 바탕으로 오바마 행정부의 연장이 될 것이라고 많은 사람이 예상한다. 바이든은 우선, 트럼프가 폐지했던 '오바마케어(의료보험)' 부활을 약속했다. 모든 미국인에게 적정한 의료보험을 제공한다는 원칙에서, 사보험 외에도 기존의 메디케어 Medicare 같은 공공건강보험을 제공하겠다는 것이다.

건강보험 비용은 소득의 8.5% 이하로 보장하되, 저소득층의 경우 보장 확대를 통해 의료보험 가입률을 97% 이상 달성한다는 목표다. 명실상부한 전국민보험 국가를 만든다는 계획이다.

경제 분야에서는, 민주당의 전통적인 정책을 연장하는

가운데 노동자들의 권익을 위해 단체교섭권을 강화하고 제조업을 활성화하는 조치들을 펼칠 것이다.

그 밖의 주요 공약에는 소규모 사업자와 스타트업 지원 강화, 기후변화에 대응하는 저탄소 경제 및 전기차 시대 적극 도입, 청정에너지clean energy 경제를 위한 공급망 건설, 낙후된 도로, 철도, 교량의 현대화, 전국 고속철도 네트워크 구축 등이 포함되었다.

트럼프식 반인권적 이민 정책은 취임 직후 곧바로 철폐할 것이다. 특히 아동격리 정책을 폐지하는 대신, 2017년 폐지된 '다카Deferred Action for Childhood Arrivals, DACA'는 부활한다고 한다. 다카DACA란 불법체류자 신분으로 미국에 들어온 미성년자들에게 취업 허가를 내주거나 사회보장번호를 발급함으로써 2년간 국외추방을 유예하는 제도를 말한다.

이외에 바이든의 공약에서 주목할 부분은 더욱 강력한 총기 규제이다. 공격용 무기나 고성능 총기의 탄창에 대한 생산 및 판매를 금지하고, 공격용 무기 소유를 규제한다는 입장이다. 이미 소유하고 있는 공격용 무기에 대해서는 정부가 구매할 것이고, 어떤 총기든 구매자 신원조사를 의무화하겠다고 밝혔다.

: 바이든이 직접 밝힌 외교정책

2020년 1월, 바이든 후보는 〈포린 어페어스Foreign Affairs〉에 대외정책에 관해 기고했다. "왜 미국이 다시 세계를 주도해야 하나: 트럼프의 외교정책을 철회하다(Why America Must Lead Again: Rescuing US Foreign Policy After Trump?)"라는 제목의 이 글을 요약하면 다음과 같다.

1) 미국 민주주의의 재확립 및 민주주의 국가 연합 강화: 교육 제도 개편, 사법 개혁, 선거자금 제도 투명성 강화 등 글로벌 어젠다에서 트럼프의 고립주의 경향을 벗어나 확실하게 관여 정책으로 변경하고 국제기구와 국제법을 중시한다.

2) 외교의 중요성 강조, 민주주의와 인권을 중시한 외교: 대중국 외교도 중시하며 동맹국과 협조해 외교 압력을 가하는 것도 중시한다.

3) 미국의 도덕적 리더십 복원: 국경 지역 이민자 가족 분리,

무슬림 입국 금지 등은 폐기한다. 취임 첫해에 민주주의 정상회의Summit for Democracy를 개최해 부패 척결, 권위주의 대응, 인권 증진 분야에서 국가별 공약을 도출한다.

4) 중산층을 위한 외교정책: 학생들의 취업 능력을 높이고, 온 국민 건강보험 접근권을 보장한다. 중산층 재건, 청정에너지 & 인공지능 & 5G 발전에 과감히 투자한다. 노동자와 지역사회를 위한 규범을 마련한다.

5) 미국의 핵심이익을 위해 무력을 사용할 수 있으나, 이는 최후의 수단이 될 것이며, 국민이 동의해야만 가능하다.

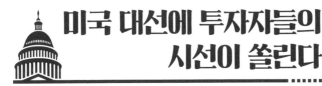

경제 변수: 트럼프 vs 바이든

미국 대선 판도를 결정하는 가장 핵심적인 이슈는 아마 경제일 것이다. 역대 대선들이 이를 잘 보여준다. 2020년 대선 역시 이런 불문율에서 크게 벗어나지는 않을 것이다. 다만, 경제를 뛰어넘는 변수가 하나 있다면 그것은 바로 코로나19다.

코로나19 사태와 경기 침체는 서로 긴밀히 연결되어 있다. 이 두 위기를 얼마나 빨리 극복할 것인가가 대선의

큰 변수가 될 것이다. 적어도 분명한 회복의 신호가 가시
권에 들어오느냐가 대선에 엄청난 영향을 미칠 것이다.

트럼프 대통령의 지지율 추이를 보면, 2020년 4월 이
후 5월에 접어들면서 급격히 하락했다. 코로나19가 확산
된 초기에는 트럼프 지지율이 일시 반등하는 모습을 보
였다. 위기 속에서 애국심이 빛난다는 '랠리 플래그 효과
Rally Round Flag' 때문이었다. 그러나 이후 정부의 미온적인
대처에 대한 실망감이 커지고, 대규모 인명 피해가 발생
하자 정부에 대한 여론은 부정적으로 돌아섰다.

경제정책에 대한 지지율도 좋지 않았다. 2020년 7월
중순 퀴니피악대학이 발표한 조사 결과에 의하면 44% vs
53%로 부정 평가가 더 높게 나왔다. 트럼프 대통령의 강
점 중 하나가 경제관리 능력이었는데, 이에 대한 부정적
평가가 커진다는 것은 그로서는 매우 어려운 상황이다.

같은 조사에서 바이든은 6월에는 46% vs 51%로 트럼
프에 뒤졌으나, 7월에는 50% vs 45%로 역전했다. 코로
나19 사태가 악화함으로써 경제가 제대로 회복되지 않은

것에 대한 불만이 표현된 결과였다.

마음이 급해진 트럼프는 '경제 재개 드라이브^{Economic} Reopening Drive'를 가동했으나 두 마리 토끼를 다 놓치게 되면서 성급했다는 비판까지 받았다.

눈에 띄게 나빠진 경제지표

코로나19의 경제적 여파가 대선의 최대 승부처라고 보는 사람들이 많다. 실업이 급증하면서 경제가 급격히 나빠졌기 때문이다. 1980년 지미 카터 대통령이 재선에 패배했을 때나, 1992년 조지 W. 부시가 재선에 패배했을 때와 비교해도 2020년 현재 미국의 실업률은 훨씬 더 나쁘다.

트럼프 캠프는 코로나19의 초기 대처에 실패한 데다가, 자신의 장점으로 부각해 온 경제 성과를 잃지 않으려고 코로나 감염을 제대로 통제하지 못한 상태에서 무리하게 경제 활동 조기 재개를 추진했다. 그 바람에 상황은 더욱 악화해 역풍을 맞기도 했다.

미국인들의 경제 전망은 코로나19 사태로 급격하게 부정적으로 바뀐 것이 사실이다. 경제는 심리라고 하는데, 경제에 대한 소비자들의 심리 지표라고 할 수 있는 소비자신뢰지수는 2014년 이후 최저치를 기록했다. 물론 이런 객관적인 경제지표도 중요하지만, 그 책임 소재와 당선되었을 경우 개선할 능력이 있을지에 관한 전망도 중요하다.

공화당과 현 정부 지지자들은 현 상황을 불가항력적인 자연재해로 주장했다. 트럼프는 더 나아가 악화일로의 팬데믹의 재난적 상황을 애써 부정하며 상황이 나아질 것이라는 주장을 반복했다. 반면, 민주당 지지자들은 이를 현 정부의 전적인 책임으로 돌렸다. 코로나 이전까지의 호황에 대한 공이 전부 자기 것이라는 트럼프의 주장이 옳다면, 현재의 불황도 당연히 트럼프의 책임이라는 논리로 몰아붙였다.

자본시장은 트럼프 재선이 불가능하다는 쪽에 베팅하고 있다는 분석이 꾸준히 나왔다. 경제 상황이 나빠지자 공화당 지지층 사이에도 균열이 생겼다. 2020년 4월 이후 5월에 접어들면서 트럼프의 지지율이 급격히 하락하기 시작했다. 트럼프 대통령을 지지하는 65세 이상 은퇴자 가운데 이탈자들이 많아졌는데, 적게는 2%에서 많게는 8%가량 바이든 쪽으로 떠났다. 그리 크지 않은 격차라고 느낄 수 있지만, 2016년 출구조사 결과, 이 연령층에서 트럼프가 클린턴보다 8%나 앞섰던 것을 감안하면 트럼프로서는 엄청난 손실이다.

두 후보 중 경제문제를 누가 더 잘 다룰 것인가에 대한 설문에서, 6월까지만 하더라도 트럼프라는 응답이 51%로 바이든의 46%보다 더 높게 나왔다. 그러나 7월이 되면서 50% vs 45%로 바이든 후보가 역전했으며, 격차는 더 벌어지는 추세였다. 경제 회복이 늦어지고 실업률이 줄지 않는 것에 대한 불만을 반영한 결과로 볼 수 있다. 설상가상 트럼프 대통령이 경제 회복을 이유로 '경제 재개 드라이브'를 너무 성급히 가동한 게 아닌가 하는 비판도 쏟아졌다.

트럼프 대통령으로서는 일종의 딜레마 상황이었다. 경제를 열지 않으면 시간이 갈수록 대선에 불리한 경제 통계가 나올 것이고, 경제를 열자니 코로나 감염이 계속 확산할 것이기 때문이었다. 이런 딜레마 속에서도 그의 의도와 행보는 코로나19 방역보다는 경제 상황 개선에 초점을 맞추었다는 것은 의심의 여지가 없다.

트럼프는 경제 대통령?

트럼프는 자신이 최고의 경제 대통령이라고 입버릇처럼 주장했다. 코로나19 전까지 미국은 최고조의 호황을 맞았다. 과연 트럼프가 미국의 경제성장을 견인한 것일까?

이에 공화당은 즉각 '예스'라고 답할 것이다. 그러나

민주당은 오바마 정부에서 어렵게 회복한 과실을 트럼프가 따 먹는 것이라고 평가절하했다. 아무튼, 현상적으로는 트럼프 대통령 임기 동안, 적극적인 경기부양책으로 주가는 계속 상승했고, 실업률은 최저치로 떨어졌다. 기업 친화적인 트럼프의 경제정책이 미국 증시의 오랜 상승 국면을 만들어낸 모양새였다.

다만, 트럼프의 경제정책이 호황에 직접적인 영향을 미쳤는지는 의문이다. 중국과의 무역전쟁이 미국 경제에 도움이 되었는지도 마찬가지로 의문이다.

오바마 정부 초기에는 미국 증시를 포함한 경제 상황이 어려웠던 게 사실이지만, 후반부로 갈수록 상승 추세였다. 게다가 트럼프 정부가 단행한 법인세 인하, 중국과의 무역전쟁, 저금리 정책들은 양면성을 가지고 있다.

트럼프의 성장 친화적인 경제정책이 미국인의 취업과 임금 상승에 도움이 되었고, 주가의 고공 행진을 이끌어 다우지수가 트럼프 정부에서 최고치에 도달했다는 점은 어느 정도 사실일 수 있다([그림 7] 참조).

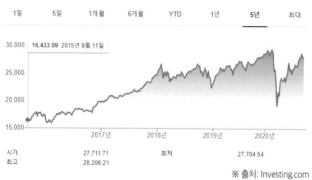

[그림 7] 미국 다우지수 최근 5년 동향(2015~2020)

27,940.47 +439.58 (1.60%) ↑
9월 9일 오후 5:12 GMT-4 · 면책조항

| 1일 | 5일 | 1개월 | 6개월 | YTD | 1년 | **5년** | 최대 |

30,000 16,433.09 2015년 9월 11일

25,000

20,000

15,000
　　　　　　2017년　　　　2018년　　　　2019년　　　　2020년

시가　　　27,711.71　　　　　최저　　　　27,704.54
최고　　　28,206.21

※ 출처: Investing.com

　　그러나 세상에 '공짜 점심free lunch'은 없다. 그 반대급
부로 경제의 변동성이 커진 점을 간과할 수 없다. 또한,
다우지수는 증권거래소에 상장된 30개 우량기업 주식들
로 구성되는 만큼, 지수 상승의 원인은 미국 전체, 적어
도 러스트 벨트의 부흥이 아닌, 'MAGA(마이크로소프트, 애
플, 구글, 아마존)'의 선전에 힘입은 바가 크다는 평가다. 아
무튼, 트럼프 대통령 취임 이후 미국 경제는 역사상 최장

기 호황세를 기록했다.

트럼프 대통령은 팬데믹에 발 빠르게 대응하지 못했다는 비판을 받았다. 중국 탓을 하는 블레임 게임으로 난관을 돌파하려 했지만, 잘 먹히지는 않았다. 오히려 조급한 경제 정상화 및 재개방으로 팬데믹 상황을 더 키웠다는 책임론까지 그에게 더해졌다.

미국은 전 세계에서 가장 많은 코로나19 확진자와 사망자를 냈다. 이로 인해 수천만 명이 직장을 잃었다. 2020년 하반기 3, 4분기 동안 두 자릿수 역성장이 예상된다. 다만 2분기에서 –31.7%라는 엄청난 역성장을 겪은 뒤, 3분기에는 통계적 반등이 생길 수 있으며, 트럼트는 이를 회복의 신호탄이라는 논리로 이용할 수 있다.

기업 친화 정책 vs 중산층 확대 정책

트럼프가 재선에 성공한다고 하더라도, 향후 4년 통치

의 관건은 경제 회복 여부가 될 것이다. 트럼프는 늘 그랬던 것처럼, 세금 부담을 계속 줄여나가고 규제를 완화하는 등 민간 부문의 수단을 활용하는 데 주력할 것이다. 철저히 성장 중심의 경제 운용으로 갈 것으로 보인다. 자국민 우선주의에 입각해 자국 기업들을 보호하는 무역을 강화할 것이다. 세율을 줄이고 법인세든 개인소득세든 모두 내리는 가운데, 주가와 배당률은 상승할 수 있다.

문제는 이렇게 기업 위주의 경제정책을 시행할 경우, 보편적 의료시스템이나 서민들의 소비가 위축될 수 있다는 점이다. 파리기후협약 탈퇴에 따라 환경 부문 또한 계속 나빠질 것이다. 트럼프 대통령이 제출한 2021년 회계연도 예산안을 보면, 2017년 시행했던 개인 소득세율 인하를 연장하겠다는 내용이 들어있다.

트럼프 1기 정부의 경제정책 표어는 '감세 및 일자리 Tax Cuts and Jobs Act of 2017'였다. 여기엔 지난 30년간 없었던 세금 인하 정책이 포함되었다. 개인소득세 감면(최고 세율 39.6% → 37%) 시한은 2025년이고, 법인세 인하는 영구화되었다. 트럼프는 이를 두고 미국 경제를 위한 '로켓 엔진'을 장착했다고 선전했다.*

트럼프는 2기 정부에서도 에너지, 금융, 농업 등 산업 전반에 걸친 규제 완화 및 철폐 정책을 이어갈 것으로 보인다. 1기 정부 때는 미국 금융회사들이 정부의 과도한 규제 때문에 망했다고 주장하면서, 월스트리트에 대한 규제 당국의 감독 권한 축소를 추진한 바 있다. 2018년 엔 대형 금융회사들에 대한 규제와 감독을 완화하기 위해, '도드-프랭크법Dodd-Frank Act'을 바꾸는 법안에 서명하기도 했다.

도드-프랭크법이란 2008년 글로벌 금융위기로 나타난 문제점들을 개선하기 위해 2010년 7월 제정한 금융개혁법을 말한다. 금융위기 최대의 원인으로 꼽히는 금융파생상품의 거래 투명성을 높여 위험도를 줄이고, 자산

---

* 야당 등 트럼프 반대자와 대다수 언론은 이로 인한 실질적인 경제성장 효과는 없었다고 주장한다. 정책 시행 초창기 GDP 3% 증가세를 제외하고는 별다른 변동이 없었고 2018년 중반부터 GDP 성장률은 다시 꺾였다. 물론 이에 대해서는 미-중 무역분쟁이 영향을 주었을 거라는 설명이 가능하다.

500억 달러가 넘는 대형 은행에 자기 자본 확충을 강제하는 내용을 담고 있다.

그런데도 미국의 주가는 계속 상승 국면을 나타내고 있다. 이유는 여러 가지가 있겠지만, 무엇보다 코로나에서 비롯된 불황을 막기 위해 사상 최대의 경기부양책을 펼쳤기 때문이다. 쉽게 말해 긴급 재정정책으로 풀린 돈이 넘쳐난다는 것이다. 트럼프는 사상 최악의 경제통계들을 애써 외면하며, 코로나19 가운데서도 경제가 호황인 것은 모두 자기의 공헌이라고 주장했다.

세계 여러 나라의 투자자에게 누가 대통령이 되느냐는 중요한 투자 포인트이지만, 미국에 투자하는 투자자에게는 특히 더 그렇다. 정책과 기조 변화에 따라 미국 달러화와 주도적인 산업에 변화가 올 가능성이 커서 그렇다. 자유무역과 보호무역의 기본 방향도 상당 부분 대통령에 의해 결정된다.

미국 주가가 오른 것은 법인세 인하와 양적 완화 때문이다. 미국의 중앙은행인 연방준비제도(이하 연준)는 코로

나에 대응하기 위해 사실상 무제한인 양적 완화에 들어
갔는데, 2008년 금융위기 당시보다 더 큰 규모로 단행했
다. 쉽게 말해, 코로나로 경제 활동이 줄어든 것을 무한
대 달러 찍기로 극복한다는 취지였다. 2008년 금융위기
때 벤 버냉키 연준 의장이 무제한 달러 찍기를 시도한 것
처럼 말이다.

바이든은 경제정책에서도 다자간 협약을 중시하는 철
학을 고수할 것이다. 트럼프의 신고립주의를 탈피해 자
유무역을 추구할 가능성이 크다. 바이든이 당선되면, 달
러 약세가 더욱 빨라질 가능성이 크다고 전문가들은 예
측한다. 일반적으로, 사회보장이나 복지혜택을 강조하는
정부는 통화 약세를 보이기 쉽기 때문이다. 세금을 올리
니 기업 실적이 나빠질 수 있고, 미국 기업의 해외 잉여
금을 본국으로 가져올 이유는 적어지므로 달러가 해외
로 나가는 경향을 보인다.

바이든은 현재 트럼프에 의해서 내려간 21% 법인세를
28%로 인상한다고 공약했다. 코로나19로 양적 완화가

단행된 상태에서 적극적인 재정지출을 추구하는 재정적자 정책은 달러 약세를 더욱 부추길 것이다.

바이든이 당선되면, 미국 증시는 일단 하락할 가능성이 높고, 신흥국으로 투자가 몰릴 가능성이 크다. 주가 상승을 주도하는 업종은 반도체, 전기차, 수소차, 2차 전지, 친환경 신재생 에너지, 헬스케어 관련 제약업종이 되고 산업의 무게 중심도 이쪽으로 이전될 것이다. 트럼프가 적극적으로 밀어주던 세일가스shale gas, 석탄, 철강 등은 약세로 돌아설 수 있다.

바이든은 세액공제와 오바마케어 확대 정책을 비롯해, 알츠하이머와 코로나19 퇴치를 위한 신약 개발을 지지하고 있다. 50만 개의 전기차 공공 충전 시스템 구축도 주요 공약에 포함했다. 장거리 트럭과 선박 등에 필요한 수소차 역시 성장할 것으로 전망되는바, 전 세계 수소차를 양분하고 있는 현대자동차와 토요타자동차가 혜택을 받을 수 있다. 반면, 2008년 금융위기를 의식하고 월스트리트를 규제한다는 정책은 계승할 것으로 보인다.

[표 2] 대선 이후 주요 경제 방향

항목	트럼프	바이든
거시경제 및 세제	규제 완화와 성장 드라이브 지속	• 고용회복 최우선 • 법인세율 21%에서 28% 인상 • 부유층 자산거래 과세 강화
무역	• 보호무역 기조 지속 및 강화 • 신NAFTA에서 자동차 무관세 조건으로 역내 부품 조달 비중 확대	• 4년간 4천억 달러 규모의 미국산 제품 정부 조달 • 보호무역에서 자유무역으로 이동, 미국 중심주의는 지속
첨단기술	• 5G 산업 부흥을 위한 보조금 및 규제 완화	• 4년간 5G, AI 등에 3천억 달러 투자, 첨단기술 인프라 구축
환경과 인프라	• 환경규제 완화 지속 및 석탄 화력 추진	• 4년간 2조 달러 투자 • 전력 발전 분야, 15년 안에 온실가스 제로 추진
육아와 간병	• 양육 가구 세금 감면 및 양육시설 지원 확대	• 공공시설 확충 및 최대 8천억 달러 세액공제

　　트럼프와 바이든의 경제정책 가운데 겹치는 부분은 첨단기술 분야 투자, 인프라(사회 기반 시설) 확충, 중국 압박 정책 정도일 것이다([표 2] 참조). 바이든 캠프 측은 10년에 걸쳐 1조 3,000억 달러가 소요되는 인프라 투자 구

상을 제시했다. 그중에는 학교 현대화에 1,000억 달러, 일반 도로, 교량, 고속도로 보수에 500억 달러 투자가 포함된다.

2020년 6월 20일, 글로벌 경제분석기관 '옥스퍼드 이코노믹스'가 예일대학교 레이 페어 교수의 선거 예측모델을 통해 대선 결과를 예측한 결과, 35% vs 65%으로 바이든이 엄청난 격차로 당선된다고 밝혔다. 이 예측모델은 지난 18차례 미 대선에서 16차례 적중했는데, 적중에 실패한 경우 중 하나가 하필 트럼프였다.

여기서 주목할 것은 이 예측모델이 사용하는 지표들이 인플레이션과 실업률, 실질 가처분소득 같은 경제지표라는 점이다. 즉, 코로나19와 경제 침체를 잘 해결하지 못한 트럼프가 재선에 실패한다는 이번의 예측은 적중할 수 있다는 이야기이다.

코로나19 × 미국 대선,
그 이후의 세계

바이든이라면, 유리한 업종 vs 불리한 업종

바이든은 경제정책 공약으로 '고용 최우선'과 '중산층 확대'를 내걸었다. 중산층 고용의 장기적 확보를 경제정책 목표로 삼았다. 바이든 캠프는 2020년 7월 9일, "더 낫게 재건하자Build Back Better, BBB"라는 슬로건을 내걸며 제조업 분야 재건을 위해 7,000억 달러를 투입하겠고, 4년간 2조 달러를 쏟아부어 환경 인프라를 구축하겠다고 공약했다. 육아와 간병 분야에는 향후 10년간 7,750억 달러를 투입해 300만 명의 일자리를 창출하겠다고 발표했다.

핵심은 노동시장의 재건에 있다. 제조업 재건 예산 7,000억 달러 중 4,000억은 일반 제조업에 투자해 200만 명의 고용을 창출하고, 나머지 3,000억 달러는 4차 산업 및 5G 등 첨단기술 분야에 투자한다는 계획이다. 이 역시 100만 명 이상의 고용 창출을 위한 투자에 해당한다. 이처럼 바이든의 경제정책은 제조업-환경-육아 및 간병의 1~3탄으로 요약되며 1,000만 명 가까운 고용을 기대한다.

바이든의 경제정책은 자국 노동자들을 우선 챙기려는 의도를 담고 있다. 이는 러스트 벨트로 상징되는 좌절한 노동자들이 민주당에 등을 돌리고 트럼프에게로 가버렸던 것을 의식한 결과이자, 코로나19로 가장 많은 타격을 입은 분야가 경제라는 점을 반영한 정책이다.

바이든의 노동자 챙기기의 배경은 또 있다. 현재 바이든은 민주당 내부의 급진파와 공조에 신경 쓰고 있는데, 노동자 챙기기는 바로 이들의 어젠다이기 때문이다. 나아가 바이든은 소득 격차 문제를 바로잡기 위해 기업과 부유층에 대한 증세를 공약하기도 했다. 트럼프 정부가 35%에서 21%로 낮춘 법인세율을 28%로 상향 조정하겠다고 한 것이나, 개인소득세 최고 세율(35%)을 39.6%까지 올리겠다는 것에는 그런 배경이 있다. 부유층의 자산 거래 과세를 강화하겠다는 공약도 같은 맥락이다.

요컨대, 바이든이 당선되면 트럼프 정부 때보다 대기

업 환경은 악화할 것이며, 개인소득세도 높아질 가능성이 크다.

바이든이 당선되면, 자유무역 기조는 되살아날 것이나, 중국과의 갈등이 줄어들지는 않을 것이라고 많은 전문가가 이야기한다. 바이든이 당선돼 세법이 바뀌면, S&P500 기업의 2021년 주당 순이익은 12% 정도 감소할 것이라는 예상치도 나왔다.

오바마케어가 부활할 것은 확실하다. 탄소 제로를 목표로 친환경 정책이 전개될 것이기에, 예컨대 전기차, 수소차 생산 기업은 유리한 반면, 석유를 사용하는 전통적 기업들은 지금보다 불리해질 것으로 예상한다.

제3장

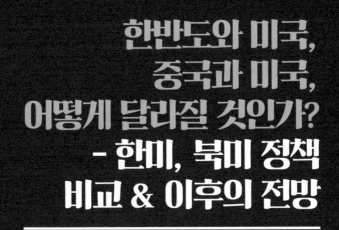

한반도와 미국,
중국과 미국,
어떻게 달라질 것인가?
- 한미, 북미 정책
비교 & 이후의 전망

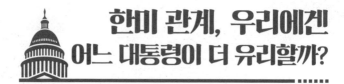

한미 관계, 우리에겐 어느 대통령이 더 유리할까?

한미 관계, 현실 진단

미국 대선 결과에 따라 한반도 정책은 큰 영향을 받을 수밖에 없다. 대한민국의 대외정책은 물론이고 국내정치에 끼치는 미국의 영향은 심대하기 때문이다.

그러나 반대 방향은 그렇지 못하다. 전통적으로 그리고 현재에도, 미국 정치에서 한반도는 핵심 사안이 아니다. 따라서 한반도는 미국 대선 승패의 결정적 변수가 아닐뿐더러, 집권 후 정책에서도 최우선 순위에 속하지 않는다.

다만, 최근 들어 대한민국의 국력과 위상이 상승하고, 아시아에서 미국의 대중 전략이 매우 중요해지면서 한미 동맹이나 북-미 관계가 과거보다 훨씬 중요해진 것은 사실이다. 트럼프 대통령은 2018년과 2019년에 모두 세 차례 북-미 정상회담을 통해 미국 외교의 우선순위에서 한반도의 순위를 상당 부분 끌어올린 바 있다.

미국은 우리나라의 해방에 관여했고, 함께 한국전쟁을 겪었다. 국제법적 의미에서의 한미동맹은 1953년 한미 상호방위조약에 의해 시작된 이후 거의 70년간 지속하면서 역사상, 그리고 현존하는 가장 성공적인 모델로 평가받는다.

한미동맹은 한국전쟁 이후 한반도 전쟁 방지 및 평화 유지의 요건이 된 것은 물론이고, 한반도 평화와 거의 동일시되었다. 우리나라의 민주주의가 성숙해지고 경제가 발전하면서 한미동맹 체제를 조정해야 한다는 의견도 있었지만, 그런 의견은 반평화 종북·좌파적 인식으로 매도되면서 번번이 좌절되었다.

냉전 시대가 끝나고 진보정권 10년간, 한-미가 안보의 위협에 대한 인식에서 큰 차이를 보이기도 했다. 그래서 한때는 동맹의 축소 논의가 제도적 관성을 위협하는 수준까지 갈 뻔했지만, 강력한 경로 의존성이 발휘되면서 신화적인 지위를 회복했다. 이후, 탈냉전과 함께 느슨해졌던 위협적인 환경이 북한의 핵미사일 개발로 인해 다시 고조되었고 한미동맹 재강화로 이어졌다.

그러나 한미동맹은 시간이 갈수록 구조적인 한계를 보였다. 애초 군사동맹에 내포된 반평화적 요소가 커지면서 한미동맹은 곧 평화라는 공식이 불편해진 것도 사실이다. 한반도의 평화를 앞당기려면, 한-미 관계는 세속화를 전제로 한 상호적이고 수평적인 관계로 바뀌어야 한다는 주장이 제기되고 있다.

트럼프는 역대 미국 대통령들이 다자협력을 지지하고 선한 리더십의 가치를 강조해온 것과는 확연한 차이를 보였다. 물론, 다른 역대 미국 대통령들도 대부분 가치로 포장했을 뿐, 미국의 이익보다 협력을 앞세운 것은 아니었다. 그러나 적어도 그런 원칙만은 고수했고, 대놓고 딴청을 피우지는 않았다.

그런데 트럼피즘은 포장과 위선을 벗어던지고, 대놓고 다자적인 국제협력 질서에 반하는 길을 걷고 있다. 이를 두고 고단수의 의도적인 '미치광이 전략mad-man strategy'이라는 평가도 있지만, 조폭 리더십에 가까운 거칠고 조악한 태도라는 평가가 대세인 듯하다.

20세기 이래로 한반도는 발칸반도와 함께 지정학적인 저주로 불려왔다. 이런 한반도가 미국을 동맹 파트너로 삼고 있다는 것은 좋은 자산임이 틀림없다. 게다가 북한의 핵 위협과 중국의 급속하고 위협적인 부상은 한-미 관계의 중요성을 더욱 증대시키고 있다. 그러나 미국이 평화 부재의 상태를 이용해 일방적으로 우리에게 한미동맹의 비용을 올려 청구하는 것을 그대로 수용할 수는 없다.

트럼프는 여러 차례 한미동맹을 단순한 동맹이 아닌,

위대한 동맹이자 영속적인 동맹이라고 치켜세웠다. 그러나 뒤에서는 한반도 핵 위기를 빌미로 자유무역협정FTA, 주둔 분담금, 미사일 방어, 한미일 군사협력 등에서 이익 챙기기에 여념이 없었다. 이처럼 트럼프가 동맹에 관한 고려 없이 우리에게 동맹 부담을 지속적으로 가중시킨다면, 한미동맹은 흔들릴 수밖에 없다.

그런데 동맹의 신화적 지위를 흔드는 것은 아이러니하게도 트럼피즘이다. 우리는 이것을 잘 활용할 필요가 있다. 트럼프 이전, 한미혈맹과 한미동맹의 특수성은 자주 강조되곤 했다. 한미동맹은 특히 한국인으로서는 건드릴 수 없는 성역이었다. 그런데 트럼프 대통령이 먼저 이 동맹을 철저히 비즈니스의 계약관계로 다루고 있는 지금, 우리 역시 한미동맹의 신화에서 벗어나 실용적인 관점에서 보는 계기로 삼을 필요가 있다.

이런 움직임이 한국에서 시작되었다면, 비판과 저항으로 좌절될 가능성이 컸겠지만, 미국이 주도하고 있다는 점에서 전혀 다른 결과를 기대해볼 수 있다.

한미동맹: 트럼프 vs 바이든

만약 트럼프 대통령이 재선에 성공하면, 우선 지금까지의 대한반도 정책은 연속성이 보장될 것이다. 대외정책 전반에서 '미국 우선주의America First' 기조는 유지되거나 강화할 여지가 크다. 한－미 관계 또는 한미동맹을 핑계로 방위비 분담금, 무기 판매, 보호무역 등에서 미국은 한국에 대한 압박의 고삐를 더욱 당길 가능성이 크다.

그중 가장 큰 압박은 아무래도 방위비 분담금 인상이 될 것이다. 트럼프 대통령은 현재 10억 달러 수준의 방위비 분담금을 50억 달러로 증액해야 한다고 줄곧 주장했다. 어려운 협상 끝에 지난 3월 말 한미 실무협상팀은 '첫해 13~14%로 2024년까지 매년 7~8%' 인상하는 방안에 공감대를 형성했고, 양국 외교부 장관의 승인까지 받은 것으로 알려졌다.

하지만 트럼프 대통령이 실무협상을 무시하고 그 결

과를 받아들이지 않으면서 협상은 다시 교착상태에 빠졌다. 대선 전후로 해서 방위비 분담에 관한 압박이 더 거세질 가능성이 크다. 이와 함께 주한미군 감축 및 철수 카드가 사용될 수도 있다.

해외 주둔 미군에 대한 트럼프의 생각은 매우 단순하다. 2016년 후보 시절부터 트럼프는 세계경찰의 역할을 더는 하지 않고 자국의 이익만을 추구할 것이라고 천명한 바 있다. 따라서 미군이 해외에 주둔하는 것은 미국의 이익을 위한 것이 아니므로, 만약 동맹국들이 주둔을 원한다면 주둔 비용을 내야 하고, 미국이 마땅하다고 생각하는 비용을 내지 않으면 주둔군을 빼겠다고 한다.

특히 나토NATO, 일본, 한국처럼 잘사는 나라에서 미국이 자기 비용을 내고 주둔하는 것은 말이 되지 않는다며, 그동안 이들 나라가 미국을 이용했다고 주장한다. 미국이 해외에 자국 군대를 상주시킬 때 얻는 미국의 전략적 이익은 없다고 트럼프는 본다.

주한미군 철수: 트럼프 vs 바이든

설상가상 재선 기회가 불투명해진 트럼프는 대선 전에 분담금을 대폭 증액시키기 위해, 주한미군 철수 같은 과격한 결정을 내릴 수도 있다. 물론 이행에 옮기기는 쉽지 않은 것이, 민주당은 물론이고 공화당 내에서도 주한미군 철수는 국익에 반하는 결정이라는 의견이 우세하기 때문이다. 트럼프의 의견이 무엇이든, 중국과의 경쟁을 고려해야 하는 미국 입장에서 한국의 전략적 가치를 소홀히 할 수 없을 것이다.

주한미군 철수가 쉽지 않은 다른 이유는 국방수권법 National Defense Authorization Act, NDAA에도 있다. 국방수권법이란 미국 국방예산을 수립하는 데 근거가 되는 법률로 매년 제정된다. 2020년 트럼프가 서명하고 통과된 2021년 국방수권법에는, 주한미군을 2만 8,500명 이하로 감축하는 것을 견제하는 조항이 있다. 이는 2020년과 같은 조항으로, 행정부가 주한미군을 줄이고자 하면, 국방부는 네 가지 조건을 의회에 입증해야 한다는 것을 골자로 한다.

그 네 가지 조건이란, 첫째 주한미군 감축이 미국의 국익 및 지역 내 동맹국의 안보를 심각하게 훼손하지 않으며, 둘째 북한의 위협 감소와 비례해야 한다. 셋째 주한미군 감축 뒤에도 한국이 한반도에서 전쟁을 억지할 능력이 있어야 하며, 넷째 주한미군 감축은 한국, 그리고 일본과 사전에 논의해야 한다는 것이다.

공화당 내에서도 자성의 소리가 있다. 미군의 해외 주둔을 그저 분담금 때문인 것으로 간주하면서, 스스로 미군을 '용병'으로 만들어버렸다는 것이다. 계속 이럴 경우, 지금은 미국의 힘 때문에 동맹이 마지못해 미국의 압박에 순응하지만, 어느 순간 미국을 버리고 중국을 선택할 수도 있다고 우려한다.

국방수권법이 있고, 민주당이나 공화당 모두 초당적으로 주한미군의 감축 및 철수를 반대한다고 해서 미군 철수의 가능성이 완전히 없어진 것은 아니다. 트럼프 대통령의 미국 이익 챙기기에 동조하는 유권자들이 미국 내부에 많기 때문이다. 이들에게 한국, 독일, 일본은 부유하면서 미국에 무임승차한다는 사고가 깊이 뿌리박혀 있다.

트럼프 대통령은 유권자의 심리를 파고들기 위해 이런 프레임을 적극적으로 강조할 것이다. 주독일 미군을 3분의 1 감군하겠다고 공표한 것 역시 같은 맥락이다.

트럼프가 재선에 성공할 경우가 더 문제인 것이, 우리나라에 요구하는 기여와 분담금이 더욱 커질 수 있기 때문이다. 최근 트럼프가 구상 중인 반중 경제블록인 경제번영네트워크Economic Prosperity Network, EPN에 대한 참가 압박이 커질 수 있고 G7을 G10 또는 G11로 확대해 중국을 견제하겠다는 계획에 참여하라는 요구 또한 강화될 수 있다.

한편, 바이든의 한반도 정책은 전체적인 동맹 재건으로 연결된다. 바이든이 대통령에 당선된다면, 동맹 및 다자간 협력에 기초한 대외정책을 기본으로, 트럼프 행정부 때 타격을 입었던 동맹 관계를 회복하는 데 주안점을 둘 것으로 전망된다.

바이든 후보는 한반도의 핵 위기 속에서 한국의 분담금을 대폭 인상하도록 강요한 것은 문제가 있다고 직접 언급하기도 했다. 민주당이 정권을 잡으면 동맹을 복원할 뿐만 아니라 재창조의 수준으로 바꿀 것이라고 공약했다. 또, 동맹국 내 민주주의가 쇠퇴하는 현상을 미국은 심각하게 우려한다고 밝히기도 했다.

물론 민주당도 동맹국들에 방위 능력 강화, 역내 안보 책임 증대 및 공정한 분담금을 권하겠지만, '보호비 갈취 protection rackets'에 준하는 행위는 하지 않을 것이라고 약속했다. 미국은 파트너들을 모욕하고 동맹국 간에 긴장을 부추기기보다 한국, 일본, 호주 등 역내 핵심 동맹국들과 그리고 이들 상호 간의 연대를 강화할 것이라고도 했다.

바이든이 되면, 북핵 문제는 어떻게 될까?

북미 관계: 트럼프 vs 바이든

북한 문제가 미국의 대선 승부에 큰 영향을 주지 못한다는 것이 정설이다. 하지만 트럼프의 경우는 조금 다르게 볼 필요도 있다. 우선, 트럼프는 역대 대통령과는 달리 북한 문제를 미국의 대외정책에서 상당히 상위 리스트로 끌어 올려놓았다고 할 수 있다. 북한 문제에 큰 진전이 있더라도, 트럼프의 승리에 이바지할 여지는 크게 없는 반면, 북한 문제가 악화될 경우 부정적인 영향을 예측할 수는 있다. 이유는 이렇다.

트럼프는 북한 문제를 자신만이 해결할 수 있다는 자부심이 강하다. 내부의 강력한 반대에도 불구하고, 미국이 악마로 취급했던 북한과 정상회담을 이뤄낸 성과도 뚜렷하다. 트럼프는 공공연히 김정은 위원장은 좋은 사람이고, 그와 좋은 관계를 가져왔음을 자랑하곤 했다. 그런데도 만일 북한이 돌발 행동을 일으킨다면, 트럼프는 북한 해결사의 이미지에 큰 타격을 입을 수 있다.

트럼프는 2020년 8월 초 기자회견에서 자신이 재선에 성공하면 조속한 시일 내에 북한과 빠른 합의를 맺을 것이라고 했다.* 그러면서 "북한에서 전쟁이 일어날 것이라고 한 사람들은 어디 갔나? 전쟁을 보지 못하지 않았느냐?"고 반문했다. 이처럼 그는 자신이 한반도에서 전쟁을 막은 공로자라고 늘 주장했다.

2016년 대선에서 자신이 승리하지 않았다면 북한과

* 문제는 북한이다. 북한은 지난 2년을 돌아보면서, 트럼프 대통령의 합의 실천에 대해 의구심을 품고 합의에 나서기를 꺼릴 수 있다.

전쟁이 벌어졌을 것인데 자신이 김정은 위원장을 만나 평화를 만들었다고 트럼프는 늘 이야기했다. 또, 북한의 핵 실험과 대륙간탄도미사일ICBM 발사 실험을 막은 것은 역대 어떤 대통령도 하지 못한 일임을 반복적으로 강조했다. 2020년 8월 5일, '폭스뉴스'와의 인터뷰에서도 그는 "11월 대선이 없었다면 북한, 중국, 이란과 협상 테이블에 있었을 것"이라고 언급했다.

싱가포르와 하노이, 그리고 판문점에서 김정은과 세 차례 정상회담을 가졌던 트럼프 대통령은 재선 이후 다시 김정은과의 개인적 친분을 앞세워 톱다운top-down 방식을 계속 가져가려 할 것이다. 1기 정부에서는 재선을 의식해 유연한 협상보다는 기 싸움에 치우쳤고, 북한에 많이 양보할 경우 쏟아질 비난을 많이 의식했다고 전문가들은 본다. 그러나 2기 정부에서는 소위 '업적 만들기legacy making'를 위해 북−미 관계에 더 적극적으로 임할 수 있고, 이른바 '대합의grand bargain'도 가능하다고 본다.

대선 전, 트럼프−김정은의 정상회담이 재개될 가능성

은 희박하다. 연내 북─미 정상회담은 없을 것이라는 김여정 노동당 제1부부장의 담화문(2020. 7. 10)이 있었고, 미국 측도 북한의 비핵화에 대한 실천의 의지 없이 회담은 어렵다는 반응이다.

일각에서는 북─미 간 모종의 사건이 '10월의 서프라이즈October Surprise'가 될 수 있다고 이야기한다. 다만, 트럼프가 궁지에 몰려 대북 강경책, 나아가 군사충돌까지 벌일 가능성은 매우 적다. 대선까지의 기간을 고려하면, 북─미 간 전격적인 정상회담이 벌어질 가능성도 희박하다. 그러나 2019년 6월 30일 판문점 3자 회동과 같은 돌발 사건을 완전히 배제할 수는 없을 것 같다.

반대로 바이든이 승리할 경우, 북─미 관계는 트럼프 때와는 전혀 다른 차원에 진입할 것이다. 바이든 정부의 대외정책은 그야말로 오바마 8년의 계승이 될 수 있다. 바이든 캠프 내의 외교 담당자들은 토니 블링켄, 제이크 설리반, 커트 캠벨, 웬디 셔먼 등인데, 이들은 강온의 차이는 있어도, 공통적으로 외교와 협상을 통한 해결을 지지한다. 과거 이란과의 핵 합의가 대북정책에 관한 청사진이 될 것이라고 밝힌 것도 이들이었다.

요컨대, 바이든 정부는 대북 협상팀에 충분한 권한을 부여하고, 동맹국과 공조함으로써 대북정책을 이어갈 것으로 보인다.

오바마 정부에서의 대북정책은 한마디로 '전략적 인내 strategic patience'였다. 오바마는 후보 시절과 대통령 임기 초, 적대국 리더와도 언제든지 만나서 협상할 수 있다는 포용적 자세를 견지했지만, 시간이 갈수록 강경 자세로 돌아섰다. 북한에 대해서는 북한이 핵무기를 포기하고 나올 때까지 인내를 가지고 기다리겠다는 정책을 채택했지만, 돌아보면 이는 방치 전략에 가까웠다는 비판을 받는다.

미국은 특유의 '검증 문화'가 있다. 눈으로 보고 확인해봐야 신뢰가 생긴다는 원칙 같은 것이다. 특히 적대적인 국가와의 관계에서 이는 중요한 원칙이다. 북핵에 관해서도 비핵화 약속이나 이론보다는, 북한의 실제 비핵화 조치를 두고 본다는 태도였다.

　지난 30년간 미국이 북한의 핵 문제를 다룰 때, 실무 회담은 주로 민주당이 주도했다. 그때 이 '검증' 부분에서 북–미 간 충돌이 잦았고, 협상이 중단되는 일이 비일비재했다. 민주당 정부는 실무협상에서 북한의 실제적인 비핵화를 위해 신고, 사찰, 검증 등의 과정을 엄격히 요구했다. 그래서 대화는 많이 했지만, 북한으로서는 싫어하는 방식이었다. 그런데 트럼프는 정상 간의 신뢰를 먼저 확보한 다음, 비핵화에 나서는 방식을 택했다. 북한이 선호하는 방식이었다.

　그러나 3년간 트럼프 정부를 경험한 북한은 새로운 딜레마에 봉착했을 것이다. 과거엔 실무진에서 밀고 당기기를 하며 많은 시간을 보낸 결과가 정책 결정의 톱 레벨인 정상으로 올라가지 않았다면, 이제는 정상에서 합의했던 사항이 실무진으로 내려가 실천되지 않고 있다.

　트럼프와의 회담도 그랬다. 세 번의 만남에서 트럼프 대통령은 김정은 위원장에게 상당한 수준의 양보와 약속을 했던 것으로 알려진다. 그러나 협상이 끝난 이후 후속 조치들을 강력하게 실행하는 데는 별로 성의를 보이지 않았다. 따라서 북한으로서는 "과연 트럼프의 약속을 얼마나 믿어야 하나?"라는 문제에 직면했다.

바이든은 대선 후보 토론회에서 김정은 위원장과 아무런 조건 없이 만나지는 않겠다고 밝힌 바 있다. 트럼프 대통령이 김정은 위원장을 감싸고 도는 것을, 바이든은 공개적으로 비난했다. 트럼프가 세 차례 북-미 정상회담을 개최하는 동안 미사일이나 핵무기는 전혀 해체되지 않았고, 트럼프가 김정은 위원장을 조건 없이 만나주는 바람에 북한체제가 오히려 정당화되었고 제재는 약화되었다고 비판했다.

그런 점에서 바이든이 당선되면, 트럼프 대통령과 김 위원장 사이에 이뤄진 어떤 합의도 받아들이지 않을 가능성이 크다. 바이든도 물론 김정은 위원장과 만남 가능성을 배제하지는 않았다. 그러나 북-미 정상회담은 핵물질 신고 등 비핵화 조치가 포함되고, 북한에 대한 경제적 압박이 강화된 상황에서만 가능하다고 밝힌 바 있다. 트럼프와 달리, 바이든의 대북정책에는 '인내'의 요소가 포함될 것이라고 했다.

그러나 북한이 변화할 때까지 제재로 압박한다는 전략이 성공하리란 보장은 없다. 이를 인내 전략이라고는 하지만, 사실상 북한을 방치함으로써 북한의 핵 전력을 상승시킨 실패한 전략으로 평가받고 있다.

상황도 많이 달라졌다. 북한은 이미 핵무장 국가가 되었고, 시간이 갈수록 더 많은 핵물질과 핵무기를 생산할 수 있다. 물론 오바마 정부 때보다 유엔 제재가 더 강력해진 것은 사실이지만, 북한 역시 나름의 면역이 생겼다. 중국과 러시아도 유엔 제재의 근본 틀은 건드리지 않은 채 북한에 생존할 수 있을 정도로 공급은 해주고 있다.

민주당이 내세우는 '인내'의 효율성이 작다는 이야기이다. 민주당의 대북정책은 자칫 파키스탄 사례처럼 북한을 핵보유국으로 인정하는 나쁜 상황으로 갈 수 있다는 우려가 이를 말해준다.

바이든의 다자간 협력이란?

바이든이 정권을 잡을 경우, 대북정책은 남-북-미 또는 북-미의 협상 틀보다는 중국, 일본, 러시아 등이 포함된 다자협력의 틀로 복귀할 가능성이 크다. 바이든과 민주당은 기본적으로 트럼프 방식의 양자 정상회담보다 다자간 협상의 틀을 선호한다.

게다가 바이든은 북한 문제에서 중국과의 공조를 중요시한 인물이다. 2013년, 장성택(북한 국방위 부위원장)의 실각실이 돌자, 바이든은 시진핑 주석을 만난 자리에서 대북 압박과 공조를 강조하는 한편, 북핵을 그대로 놔뒀다가는 일본이 핵무장으로 갈 수 있다는 이야기도 했다.

만약, 북한과의 실무협상이 진행된다면 바이든은 실무단의 권한을 높일 것이다. 그는 또, 이란의 핵 합의가 효과적 북핵 협상의 청사진을 제공할 수 있다고 보며, 트럼프가 폐기한 이란과의 핵협정을 곧바로 되살릴 것이라고 공약했다.

민주당은 2020년 정강 정책에서 북한 비핵화를 '장기목표long-term goal'로 설정하고, 외교를 통해 북한을 억제할 것이라고 밝혔다. 북한을 포함한 이란이나 시리아 같은 국가들에 대해 인위적인 정권 교체를 반대하고 전쟁 종식에 책임 있는 자세를 요구했다.

북한의 핵 프로그램 및 호전적인 행동에 의한 역내 위협을 동맹과 함께 '제한 및 봉쇄하고constrain and contain' 비핵화라는 장기적 목표를 위해 '지속적이고 조율된sustained and coordinated' 외교 캠페인을 구축할 것이라고 밝혔다. 또한, 북한 주민들을 위해 인도적 지원을 지지할 뿐만 아니라, 인권유린 행위가 중단되도록 북한 정권을 압박할 것이라고 약속하기도 했다.

북핵 문제와 한미 공조

한반도 문제는 사실상 모든 것이 핵 문제 선결이라는

전제조건에 걸려있다. 핵 문제는 곧 한반도 문제의 국제화이자 북-미 간에 우선 풀어야 하는 과제이다. 미국은 핵확산 방지라는 대외정책을 위해 북한의 비핵화가 필수이고, 북한은 핵무기 개발 이유를 미국의 대북 적대시 정책 때문이라고 공표한다.

그리고 한국은 북-미 사이에서 중재자 역할을 맡고 있다고 자부했다. 그러나 하노이 북-미회담이 결렬된 이후 오랜 교착상태가 지속되면서 중재자인 한국의 입지도 작아져 버렸다.

한반도 전문가 중 많은 이가 바이든이 대통령이 될 경우, 북한 문제는 더욱 풀기 어려워질 것이라고 지적한다. 민주당 정부는 북한의 아킬레스건이라고 할 수 있는 인권 문제를 앞세울 것이고, 민주주의 원칙을 들이댈 것이며, 국제협력을 통한 제재 강화에 나설 것이다. 북한을 외교적으로 고립시키고 군사력의 우위를 강조하면서 북한 측을 견제해나가는 전략을 추진할 수도 있다. 그리되면 북-미관계는 호전보다 악화할 가능성이 크다.

지난 30년간 북미회담의 역사 중심에는 미국 민주당 정부가 있었다. 이들은 검증과 사찰을 중심으로 한 실무 회담을 원했고, 이는 결과적으로 북한을 더욱 밀어냈다. 민주당의 방식에 긍정적인 측면도 없지는 않다. 예측 불가능성이 큰 트럼프 정부와는 달리, 일관된 모습을 보일 것이고, 주변국들과의 협력과 공조를 중요시할 것이다.

페리 프로세스 모델

문재인 정부가 주목할 부분이 있다. 그것은 김대중 대통령과 클린턴의 합작품인 '페리 프로세스Perry Process' 모델이다. 과거 북핵 위기 30년 동안, 한국의 진보 정부와 미국의 진보 정부가 함께한 시간은 김대중 대통령이 클린턴 대통령과 겹친 2년에 불과하다. 클린턴 행정부는 처음부터 김대중 대통령의 햇볕정책을 지지하지 않았을 뿐더러, 당시 북한의 핵무기 개발 의심 시설(금창리)이 발견되고 대포동 미사일 1호 발사 실험이 이루어져 예민해진 때였다.

클린턴 정부는 햇볕정책은 지나치게 온건한 접근으로, 북한에 일방적으로 양보함으로써 북한의 가시적인 양보를 끌어내기는 어려울 것으로 판단했다. 이에 김대중 정부는 북-미 관계가 경색되는 것을 막기 위해 끈질기고 단호한 설득을 이어나갔다. 결국, 한국 정부의 설득으로 클린턴 행정부는 대북 강경책을 접고 대화를 통한 해결을 결심하기에 이르렀다. 한국 정부는 금창리에 대한 의혹 해소와 미사일 발사 실험 중지라는 미국의 협상 조건을 가지고 북한을 설득했고, 북한도 이를 수용했다.

결국, 클린턴은 "대북정책의 운전석에 앉은 한국을 미국은 조수석에서 지원하는 것이 바람직하다"라고 언급했다. 한국 외교의 가장 빛나는 순간이자 우리가 미국을 설득해서 대외정책을 변경시킨 최초의 사례라고 할 수 있다. 바이든이 당선될 경우 문재인 정부는 페리 프로세스의 경험을 적극적으로 벤치마킹할 수 있을 것이다.

제4장

2020 미국 대선,
중국과의 패권경쟁
- 중국 때리기의 결말은
어떻게 될까?

강경 전략으로 공격하는 미국, 느긋하게 관조하는 중국

미국과 중국의 패권경쟁

미국은 만성적인 무역적자 국가이다. 여기엔 구조적인 문제가 있는데도, 미국은 중국의 반칙 행위 때문이라고 주장한다.

현재 전 세계 생산의 중심은 중국이다. 전 세계 대다수 글로벌 기업은 중국에 생산기지를 두고 있다. 이는 중국의 값싼 인건비 때문이기도 하거니와, 기업들을 연결하는 일종의 가치사슬과 생산사슬의 인프라가 중국에 구

축돼 있어서 그렇다. 이런 인프라가 없는 베트남 등 동남
아 국가에 비슷한 생산기지를 마련하려면, 막대한 투자
와 중국에 버금가는 생산력이 필요하다. 상당한 시간이
소요되는 일이다.

트럼프가 무역 및 관세전쟁을 통해 중국 때리기를 시
도했지만, 이는 중국의 빠른 부상을 막기 위해 브레이크
를 밟은 것일 뿐, 완전히 멈춰 세운 것은 아니라는 분석
이 나오고 있다. 실제 트럼프의 미-중 무역분쟁에서 미
국의 실익은 별로 없다. 중국이 관세인상을 단행해 미국
으로부터 곡물 수입을 줄이고, 그 부족분을 다른 나라로
부터 대체 수입하면서 오히려 미국이 손해를 본 측면도
꽤 있다.

현재의 미-중 갈등의 핵심은 첨단기술 분야의 경쟁
이다. 5G와 4차 산업혁명에서 누가 우위를 선점하느냐
가 미래의 세계 지배자를 결정하는 관건이 될 수 있기
때문이다. 또한, 신기술은 국방 및 안보와 관련이 깊은
분야다.

과거 국제 무역에는 생산 효율성 면에서 비교우위가 중요했고, 이에 따라 윈-윈 교역 관계가 대세였다. 그러나 현재의 첨단기술 분야는 상호 의존이 어렵고 배타적 경쟁으로 갈 수밖에 없다. 그런데 최근 중국의 기술 발전은 자국의 영향력을 투사하기 위한 것으로 바뀌었다는 것이 미국의 평가다. 그래서 미국은 중국의 영향력 행사를 저지하기 위해 대중국 제재 등의 조치를 시행하게 되었다.

오늘날 기술 경쟁은 군사, 사이버 안보, 신시장, 신기술, 그리고 국내정책과도 긴밀히 연결된다. 그런데 중국은 국가부채와 GDP 대비 사회복지 지출 비중이 미국보다 낮아서 국방과 기술혁신에 투자할 여력이 훨씬 더 많다.

미국은 이 점을 매우 불안해한다. 기술 분야에서 미국이 추월당할 수 있다는 위기감이 크다. 이 때문에 미국은 중국과 연결된 글로벌 공급망을 해체하고 중국의 미국 첨단기술에 대한 접근을 제한하려는 것이다.

미-중 경제전쟁은 단순히 경제적 이익 싸움이 아니라, 이렇듯 패권경쟁의 매우 정치적 성격을 띠고 있다. 이 같은 판단은 트럼프 정부 이전에 시작돼 트럼프에 의해 강화되었다. 대중국 정책에서 오바마와 트럼프 행정부는 활용하는 정책 수단이 다를 뿐 목표는 유사하다.

오바마 행정부는 경제적으로 환태평양 경제 동반자협정Trans Pacific Partnership, TPP을, 정치적으로는 아시아로의 중심축 이동Pivot to Asia을 채택해 다자주의와 동맹 네트워크를 강화함으로써 미국의 지위를 유지하고 중국을 견제 및 봉쇄하려 했다.

트럼프는 이 다자주의가 미국에 이익보다는 오히려 손해를 가져왔다고 보았다. 다자주의로 중국을 봉쇄하고 억제하려면 시간이 너무 많이 걸리고 자원 낭비도 심하다고 판단해, 무역전쟁과 제재 등 일방주의로 중국의 고립과 배제를 시도했다.

오바마와 트럼프의 정책 차이가 곧 트럼프와 바이든의 차이라고 보면 된다. 트럼프는 미-중 양자 관계의 틀안에서 중국을 압박하기를 선호한다. 이런 방식은 단기적으로는 중국에 타격을 주는 것 같고, 중국이 어느 정도 엎드린 것처럼 보이지만, 장기적인 효과는 알 수 없다는 평가가 많다.

예를 들어, 중국과의 무역분쟁에서 트럼프 대통령은 일관된 장기 계획을 보여주기보다는, 상황에 따라 강력한 정치적 언술을 발휘하면서 필요한 정책을 긴급히 시행하는 방식을 취했다. 이런 방식은 정치적으로는 강력한 이미지를 주는 효과가 있지만, 실제 효과가 있는지는 의문이다.

사실 트럼프 대통령이 중국을 압박하던 초기에는 매우 강력한 최후통첩처럼 보였으나, 시간이 갈수록 타협하는 패턴을 보였다. 물론 중국의 양보가 있었기에 가능했지만, 트럼프 대통령은 처음에 목표로 세웠던 것에 비하면 불만족스러운 양보가 많았음에도 수용했다.

트럼프 대통령의 리더십에서 가장 문제가 되었던 것은 부처 간의 이견과 정책 조율 실패, 그리고 일관성 부재와 극단적인 정책 남발을 들 수 있다. 앞에서도 지적한 것처럼 무역 제재나 관세전쟁에서 미국 내 산업에 더 큰 피해를 초래했다는 전문가들의 비판은 이를 반영한다. 더욱이 포퓰리즘에 기초한 국익 우선주의와 보호무역주의, 그리고 동맹 경시 정책으로 미국의 신뢰도를 떨어뜨린 것까지 고려하면, 트럼프의 중국 압박 정책의 효율성은 의심스럽다고 민주당은 지적한다.

미국의 대중국 정책

미국 사회가 매우 분열적인 양상을 보이지만, 중국에 대한 인식만큼은 정치 지도자나 국민 모두 거의 일치한다. 2020년 7월 30일, '퓨 리서치센터Pew Research Center'가 미국인의 대중국 인식도를 조사한 결과, 73%가 중국을 부정적으로 생각한다고 답했다. 이는 해당 조사를 시작한 이후 최고 수준이다.

중국에 대한 부정적인 인식은 트럼프 대통령이 집권한 2016년 55%였던 것이, 2017년과 2018년 47%로 낮아졌다가, 다시 빠르게 상승하는 추세다.

　　따라서 누가 대통령이 되든지, 미국의 대중 관계는 갈등 심화로 갈 가능성이 크다. 강력한 민족주의를 내세우는 시진핑 체제가 순순히 무릎을 꿇을 가능성도 희박하다. 따라서 트럼프와 바이든 입장에서는, 중국에 강하게 대응하는 강경한 이미지가 유리하므로 누가 대통령이 되든 중국 때리기는 계속될 전망이다.

　　트럼프의 선거캠프는 코로나 대응 미흡, 미국의 경제 문제 등의 난제를 중국 때리기로 덮어야만 한다고 인식했다. 트럼프와 비교해 온건하고 약한 이미지가 있는 바이든도 중국 문제에서는 강경 노선을 표명할 수밖에 없었다. 이는 바이든이 중국에 유약하다는 트럼프의 비판을 의식한 것으로 풀이된다.

　　트럼프는 공식 유튜브 계정에, "바이든은 중국의 감정을 보호한다" "조 바이든은 헌터Hunter의 중국 파트너를 만났다" 등의 자막을 넣은 영상을 내보내면서 코로나 확산 중 취해진 중국 여행 조치에 바이든이 반대했다는 기사 링크를 걸었다. 헌터는 바이든의 아들인데, 마치 중국과 모종의 거래를 했다는 식의 프레임을 만든 것이다. 즉 바이든은 친중 인사라는 것이다.

바이든도 가만히 있지 않았다. 트럼프의 유튜브 광고가 나온 지 9일 만에 같은 방식으로 반격했다. "트럼프는 코로나가 창궐하는 와중에 중국을 열다섯 번 칭찬했다" "여행 제한 조치 후 중국인 4만 명이 미국에 왔다"라는 식으로 비판했다.

2020 대선에서 두 후보 모두 중국에 대해 누가 더 강경한가를 경쟁하고 있는 것처럼 보였다. 차이가 있다면, 중국 견제의 방법론일 것이다.

현재, 민주당의 대중 정책은 한마디로 중국을 견제하되 신냉전으로는 가지 않는 것이다. 미국의 힘은 사회적 개방성, 경제적 역동성 및 동맹들의 힘에 바탕을 두고 있는바, 이를 약화한다면 미국은 중국에 대해 더 강경해질 수 없고, 중국 공산당만 유리해질 뿐이라는 인식에 기초한다.

만일 중국이 경제 안보와 인권에 관해 심각한 우려의 행동을 한다면, 시종일관 분명하고 강력하게 대처한다는 입장이다. 또, 중국의 불공정 무역 관행에 관해서는 미국의 노동자들을 보호하고, 국제규범을 약화시키려는 시도에 대해서는 동맹들과 함께 대응하겠다고 한다.

요컨대, 민주당은 강경한 대중 전략을 추구하되, 트럼프 행정부처럼 일방적인 관세전쟁 또는 신냉전의 덫에 빠지지 않겠다는 것이다.

트럼프 행정부의 중국 정책은 오히려 중국의 힘을 과시하고, 미국의 정책을 군사 일변도로 가게 할 수 있다고 민주당은 판단한다. 더욱이 미국 노동자들이 다치는 상황도 올 수 있다고 우려한다. 중국의 반칙 행위에 대해서는 국제사회와 공조해 변화를 촉구하되 기후변화, 핵 비확산 등 이해를 같이하는 문제에 대해서는 중국과도 협력을 추구한다는 것이 민주당 대중 전략의 핵심이다.

또, 남중국해 내에서 벌어지고 있는 중국군의 공세적 행보에 적극적으로 비난하는 한편, 대만 관계법을 존중함으로써 양안 문제의 평화적 해결을 지원한다는 입장이다. 홍콩사태와 관련해서는 홍콩 시민들의 민주적 권리를 지지하고 홍콩의 인권 가치를 수호하며, 민주주의적 법치를 완전히 이행하는 것을 지지한다. 중국이 홍콩과 함께 위구르에 대해 인권을 존중하지 않는 데 대해 적극적으로 반대하겠다고 밝혔고, 특히 강제수용을 규탄했다.

바이든이 대통령이 된다고 하더라도 대중국 정책은 강경 기조를 유지하겠지만, 트럼프식의 롤러코스터 같은 방식의 무역전쟁은 지양할 것으로 보인다. 그러나 기술 경쟁에서, 중국의 위반 행위나 미국 기업에 대한 투자 규제에 관해서는 오히려 트럼프 때보다 중국을 더욱 어렵게 할 가능성도 있다.

커트 캠벨 전 국무부 아태차관보와 제이크 설리반 전 바이든 부통령 국가안보보좌관은 2019년 8월, "미국은 중국과 어떻게 대결과 공존을 양립할 수 있을까?How America Can Both Challenge and Coexist With China?"라는 기고문에서 인도 · 태평양 지역에서 경쟁이 격화될 가능성에 대비해, 중국과의 연락 채널 등 위기관리 체제를 강화하고 이 지역에서 미국의 지속 가능한 억지력을 유지하겠다고 밝혔다. 또한, 인공지능, 바이오 등 첨단산업 분야에서 중국의 불공정 행위를 막기 위해 비슷한 입장의 국가들과 연합 전선을 구축해야 한다고 역설했다.

오바마 정부 당시 중국에 너무 관용적이었다는 반성은 민주당 내부에서도 나오고 있다. 게다가 중국에 대한 미국인의 불신은 그때보다 훨씬 더 커진 상태이므로, 당시의 온건한 정책은 더는 불가하다는 분위기이다.

중국은 누굴 원할까?

관건은 미국의 의도를 중국이 어느 정도 수용할 것인

가이다. 미국 대선에 관련해, 중국은 민주당 후보 가운데 공동의 이해관계가 있는 미국 기업 등을 통해 협력 가능한 인물을 선호해 왔다. 그러나 2020년 들어, 그런 기류가 바뀌어 이제는 오히려 트럼프 쪽으로 기우는 움직임이 포착되었다.

트럼프가 당선되면 미국의 국내 분열이 가중돼 미국의 힘이 약해질 가능성이 크다는 주장이 힘을 얻고 있기 때문이다. 대중 제재에 관해서는 미국이 쓸데없는 과욕을 부리고 있다고 판단한다. 이란이나 북한 같은 작은 나라도 제재를 통해 고립시키거나 봉쇄하기 불가능한데, 경제 대국인 중국을 봉쇄한다는 건 어불성설이라 보는 것이다.

중국의 이런 자신감은 어디서 나오는 걸까?

첫째, 중국 GDP에서 수출 비중이 꾸준히 감소하고 있다. 둘째, 글로벌 경제에서 미국이 차지하는 비중 또한 점점 감소하고 있다. 그런데도 미국이 이런 식으로 제재 범위와 대상을 확대한다면 셋째, 탈달러화가 일어나 장기적으로는 미국의 패권에 한계점이 올 수 있다고 판단한다.

중국은 아직 미국과 냉전 수준의 전면전을 원치 않으며, 미국이 공격하면 같은 수준으로 대응한다는 원칙을 고수하고 있다. 그래서 현재의 미-중 갈등을 정치, 경제 문제로 규정하고 협상을 통해서 타결하려고 한다. 그러나 미국이 계속 강짜를 부릴 경우, 장기전에서는 자국이 유리하다고 생각한다.

부록

미국의 독특한 대통령 선거제도 - 간접선거의 배경을 알면 쉽다

미국의 독특한 간접선거

2020년 11월 3일 미국 대선이 실시된다. 이번 대선은 현직 대통령인 공화당의 도널드 트럼프와 민주당의 전직 부통령 조 바이든의 대결이다.

미국의 대선은 투표권자가 대통령을 직접 뽑는 직접투표가 아니라, 본인이 속한 주에서 선거인단을 선출하고 이 선출된 선거인단이 대통령 후보에 투표하는 절차로 진행된다. 간접선거 또는 선거인단 선거라고 부르는 이런 방식이 미국 대선의 가장 큰 특징이다.

대통령 선거일은 11월 첫째 월요일 이후 화요일로 규정되어서, 11월 2일~8일 사이 어느 날이 된다. 엄밀히 말하면, 이날은 대통령 선거일이 아니라 선거인단을 선출하는 날이지만, 사실상 선거인단 선출 결과로 대통령이 결정되기 때문에 대통령 선거일이라고 한다.*

---

* 11월에 대선일을 정한 이유는 과거 농업국이었던 시절 농번기가 끝나고 겨울이 오기 전 선거를 치르기 위해서였다고 한다. 화요일이 된 이유는 일요일은 교회 가는 날이고, 월요일은 당

코로나19 × 미국 대선,
그 이후의 세계

대통령에 당선되기 위해서는 538명의 선거인으로 구성된 선거인단 가운데 270명을 확보해야 한다. 만약에 어떤 후보도 270명을 확보하지 못한다면, 1주 1표의 원칙에 따라 대통령을 최종 선택하지만, 1824년 이후 그런 경우는 일어나지 않았다.

미국은 선거의 나라라고 할 정도로 선거가 자주 있다. 기본적으로 2년마다 11월에 선거를 치른다고 보면 된다. 4년마다 대통령을, 2년마다 상, 하원 의원과 주지사를 선출한다. 미국 대통령 임기는 4년이고, 재임만 가능하다.

상원의원은 임기가 6년인데, 연속성을 위해 한꺼번에 바꾸지 않고 3회에 걸쳐 전체 인원의 3분의 1씩 교체한다. 하원의원은 2년마다 전체를 새로 뽑는다. 주지사 임기는 대체로 4년이지만, 그렇지 않은 주도 더러 있다.

시 교통 사정상 투표장까지 가는 시간이 촉박할 수 있어서였다. 금요일은 한 주를 마무리하는 날인 동시에, 토요일 장에 갈 준비로 분주했다. 수요일과 토요일은 장이 서는 날이었고, 수요일은 또한 예배가 있는 날이었다. 목요일은 영국의 선거일이라 거부감이 있었다. 그래서 결국 화요일이 대선일이 되었다. 또한, 첫 번째 월요일 이후 화요일로 정한 이유는, 1일이 화요일이어서 선거일이 되는 것을 막기 위해서였는데, 매월 1일은 전 달의 회계 처리를 하는 날이었기 때문이다.

부록. 미국의 독특한 대통령 선거제도
- 간접선거의 배경을 알면 쉽다

대통령 선거 사이의 선거를 중간선거라고 부르는데, 중간선거는 주로 현직 대통령에 대한 중간평가의 성격을 띤다.

미국의 대통령은 중임제다. 즉, 4년 임기의 대통령을 두 차례 할 수 있다. 현직 대통령이 재선에 성공하는 것이 대단히 유리한데, 이를 현직 대통령의 '프리미엄'이라고 한다.

재선에 성공한 대통령은 45대 대통령 중 20명이다. 그중 루스벨트 대통령은 무려 4선에 성공했다. 병환으로 인해 4번째 임기는 3개월밖에 수행하지 못했지만 말이다. 루스벨트 대통령이 4선에 성공한 것은 대공황과 제2차 세계대전에서 보여준 리더십 덕분이었다. 루스벨트 이전까지는 법률로 규정하지 않았지만, 1회 재임까지만 하는 것이 불문율이었다.

루스벨트 대통령 사후, 연임 이상은 좋지 않다는 합의가 이루어졌다. 그래서 1951년에 수정헌법 제22조를 통해 3선 이상을 금지하는 법을 성문화했다. 그 결과 현재 미국 대통령은 최장 2회 8년까지만 가능하도록 법제화되었다.

입후보 자격 조건

대선은 거의 1년 동안 치러지기 때문에 그야말로 마라톤에 비유할 수 있을 정도로 긴 레이스다. 2020년의 경우, 공식적인 선거 운동 기간은 아이오와주Iowa의 코커스caucus가 치러지는 2월 3일부터 대선일인 11월 3일까지 정확히 10개월이다. 미국의 대선 절차를 간략하게나마 좀 더 살펴보자.

해마다 2월부터 각 주별로 전국 전당대회에 참석할 대의원을 뽑는 경선이 치러진다. 이를 코커스와 프라이머리primary라고 하는데, 여기서 뽑힌 대의원들이 전국 전당대회에 모여 각 당의 대통령과 부통령 후보를 결정한다. 각 당의 대통령 후보가 결정되면 11월 초 대선에서 각 주

[그림 8] 미국 대통령이 되는 과정

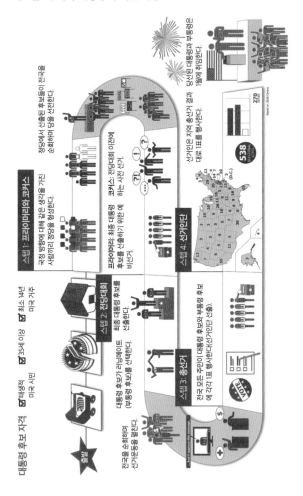

대통령 후보 자격　☑ 태생적 미국 시민　☑ 35세 이상　☑ 최소 14년 미국 거주

스텝 1: 프라이머리와 코커스

국정 방향에 대해 같은 생각을 가진 사람끼리 정당을 형성한다.

정당에서 선출된 후보들이 전국을 순회하며 당선을 선전한다.

프라이머리: 최종 대통령 후보를 선출하기 위한 예비선거.

코커스: 전당대회 이전에 하는 사전 선거.

스텝 2: 전당대회

최종 대통령 후보를 선출한다.

대통령 후보가 러닝메이트(부통령 후보)를 선택한다.

전국을 순회하며 선거 운동을 펼친다.

스텝 3: 총선거

전국 모든 주민이 대통령 후보와 부통령 후보에 각각 1표 행사한다(선거인단 선출).

스텝 4: 선거인단

선거인단 지역 총선거 결과 대로 1표를 행사한다.

당선된 대통령과 부통령은 뒤에 취임한다.

에 배정된 선거인단을 선출한다. 이때 선출된 선거인단이 투표하는 형식적인 절차를 거쳐 이듬해 1월 20일 새 대통령이 대통령직에 취임한다.

[그림 8]은 미국 정부가 공식적으로 안내하는 대통령 선거에 대한 흐름도이다.

우선, 미국 대통령이 되기 위한 자격 조건을 보면 미국 시민권자이어야 하는 것은 기본이고, 미 헌법 제2조에 따라 취임일을 기준으로 만 35세 이상, 14년 이상 미국에서 거주한 '태생적 미국 시민natural-born citizen'이어야 한다.

사실 이 조항 때문에 2008년 대선 당시 버락 오바마 대통령은 케냐 출신이라는 소문으로 곤욕을 치렀다.*

오바마 대통령만큼은 아니어도 공화당 후보였던 존 매케인 상원의원도 파나마 태생이라는 이유로 자격 논란에

---

* 오바마 대통령은 하와이 출생이지만, 공화당 진영은 그가 케냐에서 태어났다는 소문을 선거 전략에 이용했다. 결국, 오바마가 미국 태생임을 미국 법원이 확인해주는 데 이르렀다. 이뿐만 아니라, 오바마가 무슬림과 공산주의자라는 음해성 소문도 있었다. 트럼프 대통령도 오바마의 태생에 대해 계속 문제 삼다가 후에 자신이 틀렸음을 인정했다.

휩싸인 바 있다. 차후 이런 논란을 막기 위해, 2011년 미의회는 '태생적 미국 시민'이라는 규정에 대해 "부모가 외국인이더라도 미국 영토에서 태어났거나, 외국에서 태어났어도 부모가 미국 시민권자"이면 대통령에 출마할 수 있다는 유권 해석을 내렸다.

그런데 이번 대선에도 같은 논란이 벌어졌다. 바이든 후보의 러닝메이트로 선택된 카멜라 해리스(현 캘리포니아 상원의원) 부통령 후보의 출생지가 의심된다고 트럼프 대통령이 문제를 제기한 것이다. 카멜라 해리스는 자메이카 출신 아버지와 인도계 어머니 사이에서 태어났다. 미국 언론은 트럼프가 이를 빌미로 근거 없는 공격을 가한 것이라고 결론을 내렸다.

미국 선거제도, 왜 복잡할까?

미국 대통령 선거제도는 너무 복잡해서 전체를 완전히

이해하는 것은 불가능하다고까지 말한다. 왜 이렇게 복잡할까?

일단은 연방주의Federalism 국가라는 독특한 정치제도 때문에 그렇다. 우리도 지방 자치가 있지만, 미국은 주별 자치가 독립적으로 형성되다가 이를 중앙정부로 만든 경우이다. 그래서 USAUnited States of America, 즉 미합중국이라고 부르는 것이다. 다른 나라에서는 '국가'로 쓰일 수 있는 'states'가 미국에서는 주를 가리키는 것도 같은 이유다. 주의 권리가 다른 나라의 주권만큼은 아니더라도 상당한 정도로 인정된다는 의미이다.

미국 헌법은 강력한 연방 정부를 지지하는 연방파federalist와 주의 자치권 강화를 지지하는 반연방파anti-federalist의 치열한 대립 끝에 탄생했다. 결국, 연방파의 승리로 연방헌법이 마련되었지만, 특정한 연방 권한 외에는 대부분을 주의 권한으로 유보할 수밖에 없었다.

연방 정부와 주 정부의 권력 분립의 대원칙은 1791년 12월 15일 비준된 수정헌법 제10조Amendment X로 수립되었다. 이는 연방주의에 대한 헌법의 원리를 규정한 것으로, 연방 정부에 분명하게 인가되지 않은 권력과 주에 금지되지 않은 권력에 관해서는 각 주와 국민이 결정할 수 있도록 유보하는 것을 골자로 한다(아래 인용 참조).

> 헌법에 의해 미합중국 연방에 위임되지 않았거나, 각 주에 금지되지 않은 권력은 각 주나 국민이 보유한다The powers not delegated to the United States by the Constitution, nor prohibited by it to the States, are reserved to the States respectively, or to the people.

이 때문에 50개 주마다 저마다의 역사와 정치, 문화에 따라 선거 절차를 다르게 정하고 있다. 우리처럼 단일한 통합선거법은 없고, 주마다 각 당의 후보 경선 절차가 다르다. 투표지도, 투표 방법도 제각각이다.

선거인단 선거와 승자독식

미국의 대통령 선출방식을 보통 간접선거라 부르는 것은 국민이 선거인단electoral college을 선출하고, 선거인단이 대통령을 뽑는 방식 때문이다. 그런데 선거인단이 대통령을 뽑는다고는 하지만, 자기의 뜻대로 하는 게 아니라 주민들의 뜻을 반영할 뿐이므로 외형적으로는 간선제이지만, 실질적으로는 직, 간선이 혼합된 제도로 보아야 한다.

대통령을 직접 국민투표로 선출하는 우리나라와 달리, 미국은 각 주에 할당된 선거인단의 수를 많이 확보하는 후보가 대통령에 당선되는 독특한 선거제도를 가지고 있다. 그래서 전 국민 득표수에서는 승리했지만, 선거인단의 다수 확보에 실패해 대통령에 당선되지 못한 경우도 가끔 발생한다. 이런 점에서도 미국의 대선은 직접과 간접이 혼합된 선거가 맞다.

미국이 최초에 설계했던 법안에 따르면, 하원의원 선

거는 인구비례에 의한 직접선거 결과 득표 합계로 뽑는 일종의 인기투표였다. 또 상원의원은 주의회가 선출하고, 대통령은 선거인단이 선출하는 방식이었다. 그러다가 1913년의 제17차 수정헌법을 통해 상원의원 역시 하원의원처럼 국민투표의 직접투표와 그 득표수로 선출하도록 변경했다. 그러나 대통령 선거만큼은 선거인단에 의한 간접 선출 방식을 여전히 고수한다.

미국의 선거인단제도는 각 주에서 최다수의 일반투표를 얻은 정당이 해당 주에 배당된 선거인을 모두 차지하는 '승자독식Unit-rule System 또는 Winner-take-all' 방식이기도 하다. 승패만 중요할 뿐 득표 차이는 아무런 상관이 없다는 뜻이다.*

예를 들어, 전체 주민이 1,000명이고 선거인단 10명인 주에서 501대 499로 이긴 후보는 선거인단 10명의

---

* 승자독식제도 역시 미국 연방제의 특성을 반영한다. 선거인단 구성원의 개별적인 의지보다 소속된 주의 전반적인 의지를 대표한다는 점에서 그렇다. 하나의 주는 한 명의 대통령을 지지하는 것이 원칙이라는 함의가 있다.

표를 모두 획득하게 된다. 이 후보가 전체 주민 100명이고 배정된 선거인단이 1명인 주에서, 설령 1대 99로 패배한다고 하더라도 선거인단 1명의 표만 뺏길 뿐이다. 따라서 이 후보는 전체 유권자 득표에서 502대 598로 96표 뒤지지만, 선거인단 투표 결과 10대 1로 승리한다.*

운 좋은 대통령 5인

이런 제도 덕분에 미국 대선은 전체 득표에서 지고도 선거인단에서 승리하는 것이 가능하다. 역대 미국 대선에서, 전체 득표에서 지고도 선거인단 수에서 승리해 대통령에 선출된 사례는 모두 다섯 건이다. 소위 운이 좋은(?)

---

* 미국 대선이 선거인단의 승자독식제를 채택하고 있지만 50개 주가 모두 그런 것은 아니다. 네브래스카주(Nebraska)와 메인주(Maine)는 승자독식 방식을 채택하고 있지 않다. 이 2개 주에서는 유권자들의 다수를 획득한 후보자가 주의 상원의원 몫인 2명의 선거인단을 우선 배정받고, 나머지 하원의원 몫만큼은 하원의원 선거구 단위에서 다수자가 1명의 선거인단을 배정받는다.

[표 3] 운 좋은 역대 대통령

연도	대통령 당선자	표차	상대 후보
1824	존 퀸시 애덤스	44,804	앤드루 잭슨
1876	러더퍼드 헤이스	264,292	새뮤얼 틸던
1888	벤자민 해리슨	95,713	그로버 클리블랜드
2000	조지 W. 부시	543,816	앨 고어
2016	도널드 트럼프	2,820,000	힐러리 클린턴

대통령들은 [표 3]과 같다.

다섯 번의 사례 중에서도 2016년 트럼프 대통령은 힐러리 클린턴에게 약 300만 표를 뒤지고도 승리를 거머쥐었다. 아무리 선거인단이라는 특별한 시스템 덕분이라지만, 다시 보기 힘든 기적적인 결과였다. 2016년 전국 득표수에서 트럼프 후보는 약 282만 표나 뒤졌지만(트럼프 46.1%, 클린턴 48.2%), 선거인단 수에서 74석이나 앞선(트럼프 306표, 클린턴 232표) 압승으로 결말이 났다.

전 국민의 지지에서 이긴 후보가 대통령이 되는 것이 민주주의 다수결의 원리라면, 이 원리를 위배하는 선거인단제도는 비민주적인 선거가 아닐까? 그런 비판이 꾸준히 제기되고 있는 게 사실이지만, 미국 연방제의 독특한 방식인 만큼, 이 제도가 바뀔 가능성은 없어 보인다.

여기에는 또 다른 사정도 있다. 선거인단제도는 공화당에 유리하고 민주당에 불리한 방식이어서, 아무리 민주당이 바꾸려 해도 공화당은 절대 동의하지 않을 것이다.

대체로 민주당 지지자들은 인구가 많고 인구밀도가 높은 해안 및 도시 지역에 분포하고, 공화당의 핵심 지지자들은 인구밀도가 낮은 내륙 및 농촌 지역에 분포한다. 따라서 각 주의 선거인단제도 또는 승자독식 방식을 없애고 전체 득표수로 할 경우, 공화당이 절대적으로 불리하다. 따라서 공화당은 선거제도 변경에 결코 동의하지 않을 것이다.

선거인단 538인의 비밀

선거인단 수는 총 538명이다. 각 주의 하원의원과 상원의원 수에다 워싱턴 D.C.에 부여된 3인의 선거인단을 합친 숫자이다. 상원의원은 각 주의 인구수와 관계없이 2명씩 배정되므로 50개 주를 통틀어 100명이며, 하원의원은 인구비례에 의해 435명이다([그림 9] 참조).

전체 선거인단의 과반수인 270명 이상의 표를 확보하면 대통령이 될 수 있다. 50개 주 가운데 인구가 많은 순으로 11개 주에서만 이기면 나머지 주의 투표 결과에 상관없이 당선된다. 선거인단 숫자가 가장 많은 주는 캘리포니아로 55명이며, 인구가 적은 알래스카나 몬태나주 같은 지역은 선거인단이 3명에 불과하다.

선거인단은 연방 공무원이거나 군인 혹인 선출직 공직자가 아니면 누구나 될 수 있다. 선거인단 명부에 들어가는 사람은 대체로 정당 활동가가 많다. 그중에서도 정당에 많은 공헌을 하고 충성심이 높은 사람들 중심으로 각

[그림 9] 주별 선거인단 분포도

주의 정당위원회에서 선출한다.

미국이 승자독식 방식을 포함해 복잡한 선거제도를 만든 것은 1787년의 일이다. 인구가 많은 주의 일방적인 독주를 막고 연방으로부터 각 주의 독립성을 보장하려면, 당시로써는 이 제도가 최선이었다. 1792년 연방 법률을 제정할 당시에도 인구가 적은 주들은 직선제를 반대했고, 교통과 통신이 불편하다는 점 때문에도 직선이 아닌 간접선거로 대통령을 선출하게 되었다. 초기 건국 시절, 연방제이지만 주정부의 자치권이 특히나 강했던 때의 이야기이다.

물론 논란도 있다. 한편에서는 교통과 통신이 발달한 현대까지 200년 전의 선거제도를 유지하는 것은 비합리적인 일이라며 비판하고 있고, 다른 한편에서는 50개 주 각각을 독립된 국가로 간주하는 미국 연방제의 특성에도, 미국의 건국 정신에도, 이런 선거제도가 타당하다고 주장하고 있다. 대선 후보가 소규모 주들을 무시하지 않고 전국을 돌아다니며 지지를 호소할 수밖에 없다는 점도 선거인단제도의 타당성에 힘을 실어준다.

코커스와 프라이머리

미국은 민주당과 공화당 양당 체제를 채택하고 있다. 무소속 후보도 대선에 출마할 수는 있지만, 당선되기는 사실상 불가능에 가까운 이유다. 미국 대선의 과정은 양당에서 후보를 선출하는 것부터 시작된다. 각 당의 대통령 후보를 지명하는 이 예선부터가 미국 대통령 선거를 복잡하게 만든다.

당은 예비 후보 등록을 받은 후, 각 주(州)를 돌며 코커스(당원대회)와 프라이머리(예비선거)를 거쳐 당원 대의원 과반수의 표를 확보한 사람을 최종 후보로 선출한다. 주의 자율성을 강조한다는 차원에서, 각 지역 선거 단위에서 특성과 전통에 의한 방식으로 후보 경선을 치르는 것이다. 주마다 후보를 선출할 수 있는 대의원 수가 인구수에 따라 배정되어 있고, 지역 경선은 이들 대의원을 확보하는 선거라고 할 수 있다.

대의원 배정 방식은 본선의 승자독식 방식과는 달리, 획득한 투표 비율만큼 나눠 갖는 방식을 채택한다. 민주, 공화 양당은 당에 대한 충성도, 주별 인구수, 배정된 선거인단 수 등을 감안한 배분 공식에 따라 대의원을 선출하게 되는데, 2020년 대선에서는 민주당이 4,535명, 공화당이 2,550명을 선출했다.

대의원을 선출하는 예비선거는 코커스와 프라이머리로 나뉜다. 코커스^Caucus 방식의 경선은 각 주의 정당이 주관하는, 단어 뜻 그대로 당원들만의 선거이다. 즉 당원으로 등록된 사람들만 투표권을 가진다. 등록 단원들이 정해진 시간과 장소에서 후보자의 연설을 들은 후 거수 또는 공개 투표를 하는 방식으로 대선 후보자를 선출한다. 열성 당원들은 자기가 지지하는 지명자 후보를 공개적으로 지지하는 연설을 한다.

여기서 중요한 규칙이 하나 있는데 그것은 15% 법칙이라는 것이다. 1차 투표에서 득표율이 15% 미만인 후보는 탈락하고, 그 이상인 후보만을 대상으로 2차 투표를 한다. 이는 표가 여러 후보에 너무 분산되는 것을 막는 장치이다.

다른 경선 방식은 프라이머리로, 주 정부에서 비용을 부담하고 투표를 관리하는 방식이다. 코커스와는 달리, 프라이머리는 당원이 아닌 일반 유권자도 참여할 수 있고, 비밀투표로 진행된다. 프라이머리는 다시 두 가지 방식으로 나뉘는데, 일부 주에서는 자신이 당원임을 선언한 유권자만이 투표에 참여하는 '폐쇄적 프라이머리closed primary'를 채택하고, 다른 주에서는 당적 여부와 상관없이 누구나 참여할 수 있는 '오픈 프라이머리open primary'를 채택한다.

코커스 방식은 네바다, 콜로라도, 미네소타, 캔자스, 워싱턴, 하와이, 알래스카 등 17개 지역에서 채택한다. 나머지 33개 주는 오픈 프라이머리를 진행한다.

정치 공작의 위험

19세기만 해도 대부분 각 주 정당의 의회 간부들이 대의원을 임명하는 방법인 코커스를 사용했으나, 20세기에 들어오면서 당원과 주민들의 선거로 대의원을 뽑는다는 취지로 프라이머리가 적극적으로 도입되었다.

오픈 프라이머리를 두고 논란은 있다. 지지 정당이 아닌 사람이 예비선거에 참여하는 것이므로, 지지 정당의 후보를 뽑아야 한다는 가장 기본적인 목표와 명분이 사라진다는 근본적인 문제가 제기될 수 있다. 나아가, 상대 정당의 강력한 후보를 떨어뜨리기 위해 만만한 후보에게 표를 몰아줄 정치 공작의 위험도 존재한다.

오픈 프라이머리를 지지하는 측에서는 실제 투표에서 상대방의 정당에 대거 몰려가서 강력한 후보를 떨어뜨리는 행동은 거의 하지 않는다는 것이 경험적으로 입증되었다고 주장한다. 자격을 등록한 당원에게만 한정할 경우, 흥행이 어렵고 정당의 보스와 유력한 브로커들에 의해 선거가 장악될 수 있다는 점도 오픈 프라이머리의 정당성을 높인다.

슈퍼화요일과 전당대회

앞에서 언급했듯이, 아이오와주의 코커스를 시작으로 미국 대통령 후보 경선의 막이 오른다. 아이오와주는 선거인단이 7인에 불과한 작은 선거구이지만, 향후 표심의 향방을 짐작할 수 있는 소위 '풍향계'로 인식되는 지역이다. 여러 주에서 동시에 경선이 치러지는 날을 '슈퍼화요일Super Tuesday'이라 일컫는다. 많은 주들이 투표하는 슈퍼화요일에는 대통령 후보 경선의 윤곽이 확실히 드러나고, 때로는 대세가 결정되기도 한다.

2020년에는 3월 3일, 민주당 15개 주, 공화당 14개 주가 슈퍼화요일의 예비선거를 치렀다. 슈퍼화요일보다는 적지만, 여러 지역에서 예비선거가 열리는 이 날을 '미니 슈퍼화요일'이라 부른다.

이런 복잡하고 긴 경선의 여정을 거치면서 투표인단을 확보한 후 7~8월에 열리는 전국 전당대회에서 후보자를 지명하게 된다. 예비선거가 시작될 때는 많은 후보가 도

전장을 던지지만, 갈수록 경쟁력 없는 후보들은 중도 사퇴하게 된다. 어떤 경우는 일찌감치 대선 후보가 결정되기도 하지만, 끝까지 박빙이 유지되기도 한다.

코커스와 프라이머리를 통해 본선 후보자가 결정되었다면, 여름 전국 전당대회에서 대통령과 부통령 후보를 공식적으로 지명한다. 대선 후보로 지명되기 위해서는 대의원 투표에서 과반수를 득표해야 한다. 이때, 대의원이 아닌 사람도 투표권이 있다.

원래 전당대회에서는 각 주에서 뽑힌 정당 대의원들이 본인이 선출하기로 공언한 후보자에게 공식적으로 투표를 한다. 그런데 공화당의 경우는 각 주마다 3명씩 선출되지 않은 명망가들을 지명한다. '자동 대의원automatic delegate'이라 부르는 이들은 전당대회에서 투표권을 가지지만, 자신이 누구를 지지하는지 밝히지 않고 투표할 수 있다. 민주당에도 이와 비슷한 '슈퍼 대의원super delegate'을 두고 있다. 이들은 각 정당 간부들의 영향을 받아 투표하는데, 후보자들이 마지막까지 박빙일 경우 큰 영향력을 행사할 수도 있다.

최근 60여 년 동안, 대통령 후보는 전국 전당대회 이전에 이미 결정되었다. 그런데도 전당대회를 하는 이유는 전당대회에서 후보자를 홍보하고, 이른바 '컨벤션 효과convention effect'를 통해 지지율을 끌어올리려는 것이다. 컨벤션 효과란 정치적 이벤트를 통해 정치인의 지지율이 그전보다 크게 상승하는 현상을 말하는데, 상대적으로 불리한 야당에게 시간적인 여유를 주기 위해, 야당이 먼저 전당대회를 치르도록 배려하는 관례가 있다.

전당대회는 후보자에 대한 지지 연설과 후보자의 수락 연설이 있는 자리이다. 또 대선 공약을 포함해, 집권 후 어떻게 정국을 이끌어갈지 그 구상을 공개하는 자리이기도 하다.

전당대회는 전국으로 생중계되며, 보통 전당대회 의장의 기조연설 → 정강 정책 채택 → 대의원의 정, 부통령 후보 선출 → 정, 부통령 후보 지명 수락 연설 순으로 진행된다.

[표 4] 2020 대선 주요 일정

연.월.일	내용
2020. 2. 3	아이오와주 코커스
2020. 2. 11	뉴햄프셔주 프라이머리
2020. 3. 3	슈퍼화요일
2020. 7. 13~16	민주당 전국 전당대회
2020. 8. 24~27	공화당 전국 전당대회
2020. 11. 3	대통령 선거일
2020. 12. 14	대통령 선거인단 투표일
2021. 1. 6	연방회의 개표*
2021. 1. 20	대통령 취임일

※ 코로나 영향으로 전국 전당대회 일정은 변경되었음.

각 당의 후보자는 각 주를 순회하며 본격적인 선거 유
세에 돌입한다. 후보의 자질과 도덕성을 검증하는 TV 토

* 상, 하원의원 참석하에 상원의장이 개표를 진행하고 당선자를 발표함.

론회 등에 참석하기도 한다. 미국 대선 과정은 거의 1년이나 걸리는 대장정인 만큼 선거 비용은 거의 천문학적인 수준이며, 시간이 갈수록 점점 더 상승하고 있다.

2016년 힐러리 클린턴이 사용한 선거 비용은 약 7억 달러에 달하는데, 이는 미국 역사상 최고액이었다고 한다. 슈퍼팩 등을 모두 포함하면 10억 달러(1조 원) 이상일 수도 있다고 한다.[*] 반면에 트럼프는 고작 8,000만 달러를 썼는데, 이는 1976년 대통령 선거 이후 최소 기록이었다. 트럼프는 굉장히 경제적인 선거를 치른 셈이다. 적어도 선거 비용만 보면, 다윗(트럼프)과 골리앗(힐러리)의 싸움이었다.

---

[*] 슈퍼팩(Super PAC)이란 정치자금을 후원하는 미국의 정치활동위원회(PAC, Political Action Committee)의 하나로, 합법적으로 무제한 모금이 가능한 민간 정치자금 후원회를 말한다. 2010년 미국 연방 대법원이 정치자금 후원 금액 상한선을 폐지하면서 정치자금을 무제한 모금할 수 있는 슈퍼팩이 등장했다. 선거에서 특정 후보나 정당을 지지하기 위해 만든다는 점에서 일반 팩(PAC)과 목적은 같지만, 일반 팩은 지지 후보를 드러내는 것과 달리, 슈퍼팩은 지지 후보나 정당과의 접촉과 협의를 금지한다. 슈퍼팩은 선거캠프에도 속하지 않아서 직접적인 선거 운동을 할 수 없지만, 광고 등을 통해 지지를 표명하는 것은 가능하다. 기부 액수에 제한이 없기에 큰손들이 거액 기부를 하는 경우가 많다. 슈퍼팩은 미국의 선거가 금권선거가 되는 요인이라는 비판을 받기도 한다.

부록, 미국의 독특한 대통령 선거제도
- 간접선거의 배경을 알면 쉽다

: 예비선거의 프론트 로딩

프론트 로딩Front-Loading이란 예비선거를 다른 주보다 서로 앞당겨서 실시하려고 경쟁하는 현상을 일컫는다. 프론트 로딩에서 이긴 주는 미디어의 주목을 받으면서 영향력을 확보할 뿐만 아니라, 막대한 선거자금 투입으로 지역 경제에도 호재가 된다.

예비선거를 주로 초기에 개최하는 아이오와나 뉴햄프셔에 과도한 관심이 쏠리는 반면, 나중에 실시하는 주들은 규모가 크고 인구가 많으면서도 대선 과정에서 영향력이 감소하는 것에 늘 불만이다. 슈퍼화요일에 판세가 정해진 다음에 예비선거를 해야 하는 주는 아예 관심 자체를 받지 못한다.

1988년 이후 프론트 로딩에 뛰어든 주가 아주 많아졌다. 1996년 이후부터는 3월 말까지 전체 예비선거의 77%가 치러진다. 그러면서, 참신한 신인들이 자금력이 딸려, 자기 실력을 알리기도 전에 초기 경쟁에서 떨어져 나가는 것이 문제로 제기되었다.

따라서 양당은 프론트 로딩에 제재를 가하는 규칙을 제정하고, 이를 위반하면 대의원 숫자를 삭감하는 데 의견을 모았다.

2008년 플로리다, 미시건, 와이오밍주 등은 예비선거를 1월에 실시해 각각 절반의 대의원을 상실했다.

: 2020 전당대회와 해치법

미국 대선의 하이라이트라고 할 수 있는 양당의 전당대회가
코로나19로 일정과 장소, 그리고 진행 방식에서 큰 혼란을 겪
었다. 공화당 후보인 도널드 트럼프 대통령은 후보 수락 연설
을 백악관에서 했으며, 조 바이든 후보 역시 밀워키 전당대회
장소가 아닌 자신의 지역구인 델라웨어주에서 온라인 방식으
로 진행했다. 민주당은 코로나19로 인해 원래 예정되었던 7월
중순에서 한 달 늦춰 8월 17~20일에 개최했다.

민주당은 그렇다 하더라도 트럼프 대통령이 백악관에서 수락
연설을 하는 것은 법적으로 문제될 수 있다. 왜냐하면 연방 예
산으로 공무를 수행하는 공직자의 정치 활동을 제한하는 '해
치법(Hatch Act)'을 위반할 소지가 있기 때문이다.

해치법이란 공공사업진흥국 관리들이 직권을 남용해 민주당
에 표를 모아준 사건을 계기로, 뉴멕시코주의 칼 해치 상원의

원이 제안한 법을 말하며, 연방 공무원의 정치적 선거활동 참여를 제한하는 내용을 골자로 한다. 수정안에서는 개인이 정치단체에 내는 기부금과 선거위원회의 경비 지출 등을 엄격히 규제했다. 정부와 정치를 엄격하게 구별하는 미국 정치의 중요한 규범이 깨질 수 있다는 우려가 나온 이유이다.

물론 트럼프 대통령은 "백악관에서 대선 후보 수락 연설은 합법"이라며 논란을 일축했다.

미국을 알고
국제질서를 읽는 눈

지금까지 코로나19 팬데믹에 치러지는 미국 대선에 얽힌 다양한 측면을 살펴보았다. 코로나 이후의 세계질서 전망과 미국 대선의 관계, 미 대선 2020의 결과를 좌우할 쟁점들, 미 대선이 미국과 전 세계 경제에 미칠 영향, 후보에 따른 대중국 정책과 한반도에 미칠 영향, 그리고 미국의 선거제도 등에 대해 알아보았다.

11월 3일의 대선 자체만 집중한 것이 아니라 대선을 전후로 한 미국 사회와 세계의 모습을 이해하는 데 도움이 되는 책을 쓰고자 노력했다. 그리고 많은 정보와 지식을 제공하는 것도 중요하지만, 전체 그림을 읽고 곳곳의 현상들에 내재한 함의들을 쉽게 이해할 수 있도록 했다. 그래서 이 책이 대선 결과에 상관없이 이후에도, 미국을 알고 국제질서를 읽는 눈을 기르는 책으로 계속 읽히기를 소망한다.

누가 미국의 다음 대통령이 될 것인가를 궁금해할 독자들이 많을 것 같아서, 제한된 여건과 많은 돌발변수에도 불구하고 11월 3일의 선거 결과에 대한 전망도 담았다. 결과를 좌우할 결정적 변수들에 대해 하나하나 짚어보았다. 그럼에도 지나치지 않으려고 노력했다.

본문에서도 밝혔듯이 사회현상을 분석하고 전망하는 일이 점술이나 예언의 영역과는 다를 수밖에 없다. 근거를 제시할 수 없는 '감'과 '촉'은 정치가의 영역이지 전문가의 것은 아니다.

한두 가지 변수만을 확대해석하는 것 역시 참고와 확인의 여지를 위해서 가끔 도움이 되기도 하지만, 사회과학의 영역에서는 바람직하지 않다. 선거 결과에 대한 예측도 의외성보다는 객관적 분석을 통한 결과의 가능성에 무게를 두어야 한다는 것에는 의문의 여지가 없다.

그렇게 함으로써 설사 예측이 틀리더라도 우리는 사회 현상을 객관적으로 분석할 수 있는 보편적인 관점과 틀을 얻을 수 있다. 그것이 사회를 정확하게 해석하게 해주기에 때로 결과를 맞히는 것보다 훨씬 중요한 법이다. 이 책은 그런 원칙을 견지했다.

미국이라는 나라가 가진 위상과 영향력을 감안하면 미 대선 2020은 우리나라뿐만 아니라 전 세계 모든 국가의 초미의 관심사일 수밖에 없다. 세계질서의 대격변 가능성에다 트럼프 대통령 임기가 더해진 지난 4년은 전례 없는 변동의 시기였다. 따라서 미국에서 현재 권력의 '연장'이냐 '변화'냐의 선택이 가지는 중요성은 더욱 커질 수밖에 없을 것이다.

또 지금까지도 기억이 생생한, 미국 선거 역사상 가장 큰 이변이 발생했던 2016년이 재현되지 말라는 법은 없다. 그렇기에 현재 꾸준히 바이든 후보가 견고한 우세를 보이는데도 사람들은 예단하기를 주저한다. 전문가들조차 여론조사를 포함한 각종 지표와 분석을 근거로 바이든 당선을 예측하면서도, 말미에는 이변의 가능성을 언급하며 미리 피할 구멍을 파놓는 것을 잊지 않는다.

미국의 독특한 선거인단제도는 결과를 예측하는 데 가장 힘든 장애물이다. 전체 득표율에서 앞섰음에도 선거인단의 합계에서 뒤지는 바람에 대통령에 당선되지 못한 사례가 지금까지 다섯 차례나 나왔다. 이런 제도는 어찌 보면 민주주의의 원칙에 어긋난 측면이 없지 않지만, 미국의 전통과 연방제라는 특수한 조건하에서 미국 국민에 의해 큰 저항 없이 대체로 수용되고 있다.

전국 득표로 결정되는 거라면 바이든의 승리는 의심의 여지가 없어 보이지만, 4년 전 힐러리 클린턴 후보가 전국 득표 300만 표 차이에도 불구하고 고배를 마셨던 사례가 반복되지 말라는 법은 없다.

이전에 없던 코로나19가 결정적 변수로 등장한 것도 예측을 어렵게 한다. 현재 추세라면 대선 당일까지 확진자는 1,000만 명에 근접하고, 사망자는 25만 명에 이를 수 있다. 그 정도로 대재앙의 한가운데서 선거를 치르는 초유의 사태이다.

트럼프 대통령이나 바이든 후보 모두 한목소리로 이번 대선을 미국 선거 역사상 가장 중요한 선거이고, 미국의 미래를 결정할 운명적 선택이라고 반복적으로 강조한다. 정치가들의 과장은 으레 선거 때가 되면 절정을 향한다고 치부하고 넘길 수도 있지만, 필자는 조금의 망설임도 없이 이번 선거의 엄청난 중요성에 동의한다.

미국의 축적된 제도와 경험, 그리고 정치 구조는 어느 한 개인이 대통령이 되느냐에 의해 흔들리지 않을 것이라는 전통적인 생각은 지난 4년의 경험으로 이미 깨져버렸다. 물론 축적된 미국의 힘이 분명히 작동하겠지만, 미국의 대통령이 가진 막강한 권력과 오늘날 세계의 변동성을 함께 고려한다면 양 후보의 개인적 특성이나 리더십의 차이가 보여줄 임팩트는 생각보다 매우 크다.

벼랑 끝에 드러난 미국의 민낯

미국은 스스로 가장 모범적이고 예외적exceptional으로 훌륭한 나라임을 주장해온 것이 무색하게 많은 흠결을 가진 나라이다. 개별 국가의 이기심의 한계를 넘어설 만한 존재는 애초부터 아니었지만, 다수의 민주주의 국가들이 대체로 수용한 세계질서와 규칙을 만들었고 또 유지해왔다. 그것이 미국 자신은 물론이고 우리가 함께 사는 세계를 위해 최선은 아니어도 가능한 질서 중에 차선은 되었기 때문이다. 자유민주주의와 시장경제, 그리고 팍스아메리카나의 안정적인 국제질서는 흔들림에도 불구하고 중심은 유지되었다고 할 수 있었다.

그런데 지난 수년간 미국이 보여준 행보는 근본적인 회의를 일으킨다. 무엇보다 미국은 자기가 만든 질서를 부정하고, 국익이란 이름으로 다른 국가의 입장을 전혀 고려하지 않으면서 세계를 불안과 위험에 빠뜨렸다. 미국의 압도적 패권은 점진적으로 쇠락했고, 다른 나라와 세계를 대하는 태도에서 강자의 오만과 이기심은 끝모르게 커졌다.

트럼프 대통령이 그간의 미국의 '정치적 올바름politically correct'이라는 위선을 벗어던졌다는 측면은 분명 존재한다. 그런데 문제는 가면 뒤에 드러난 미국의 속살이 정직과 겸손보다는 편협과 오만에 가깝다는 것이다.

중국의 급부상에도, 미국은 현재는 물론이고 적어도 가까운 미래까지 여전히 우월한 지위를 유지할 것이다. 그런 상황에서 미국이 스스로 리더십을 던져버리고 세계 보편적 이익을 무시하며 지금처럼 자국 이익만 생각하는 편협의 끝판왕을 달릴 경우, 세계가 맞이할 미래는 심히 우려된다.

이에 대해 미국 내부에서도 우려와 자성이 끊이지 않는다. '허리케인 트럼프'라는 말이 몇 년 전부터 유행했다. 허리케인에 고유 이름을 붙이는 것을 이용한 유행어인데, 트럼프라는 태풍이 휩쓸고 간 자리에 과연 무엇이 남아있을 것인가라는, 미국인들의 깊은 고뇌가 엿보이는 말이다.

트럼프 대통령이 4년간(재선될 경우 8년간) 무너뜨린 미국의 리더십은 과연 차후에는 회복될까? 이런 우려는 공화당, 민주당 할 것 없이 똑같다. 공화당의 걱정은 이렇다. 정도와 속도의 문제일 뿐 미국의 약화가 대세인 상황에서, 동맹이나 우호적인 국가들과의 협력이 필수적인데 트럼프의 '미국 우선주의'는 이들과의 관계를 근본적으로 훼손한다는 것이다.

민주당은 트럼프 재임 기간, 전임 정부가 체결한 파리기후협약을 포함해 국제조약을 일방적으로 파기하고 WTO, IMF, WHO 등 국제기구를 무력화시켰는데, 과연 다음 정부가 들어선다고 해도 미국의 리더십과 신뢰가 회복될 수 있겠는가,라는 문제에 빠져있다. 미국의 미래에 대한 이 같은 우려는 정치적 이념 지형을 변화시킨다.

각자도생뿐인 암울한 미래
그 전환의 시작

글을 마치기 전에 미국의 대외정책에 대한 두 사람의 충언을 인용하고 싶다. 2019년 작고한, 미국 외교의 최고 전문가 중 한 명인 레슬리 겔브Leslie Gelb는 21세기 군주론으로 불리는 《권력의 탄생Power Rules》에서 미국 외교 정책을 신랄히 비판하면서 근본적인 반성을 요구했다.

그는 군사력이 권력의 모든 것을 차지하던 마키아벨리의 시대는 끝났고, 오늘날의 권력은 '경제력과 외교력으로 포장한 칼(군사력)'인 만큼, 세계의 권력 구조를 이해하고 권력 행사의 올바른 법칙을 따라 상식이 통하는 정책을 수립하라고 권고한다.

그는 특히 미국의 외교정책은 상식으로 이뤄져야 한다고 강조하는데, '도를 넘은 원칙들extravagant principles' '비열한 정치nasty politics' 그리고 '권력의 오만함arrogance of power'이라는 '세 가지 악마demons'가 미국의 외교를 방해했고,

오늘날 미국을 위기로 빠뜨렸다고 한다. 그리고 덧붙인다. 이러한 악마들을 물리치려면 상식으로 무장해야 한다고.

도널드 그레그Donald Greg 전 주한 미국대사는 회고록 《역사의 파편Pot Shards》에서 내부자의 시선으로 미국 외교의 내면을 비판적으로 바라보았다. 군인, 정보원, 외교관으로 무려 43년간 공직에 있으면서, 공화당 성향을 지녔고, 아버지 부시를 최고의 보스로 평가하는 보수적 배경을 가진 인물이지만, 미국 예외주의와 극우적 성향에는 평생토록 일관되게 반기를 든 정직함이 엿보이는 인물이다.

그는 미국 대외정책의 가장 큰 문제점으로 '악마화 전략'을 들었는데 이를 북한, 베트남, 이라크, 그리고 러시아 외교 실패의 원인이라고 규정한다. 미국이 가진 엄청난 영향력을 긍정적으로 행사하지 못하고 낭비하도록 만들었으며, 끊임없이 곤경에 몰아넣었다는 것이다.

특히 북한에 대해 왜 그렇게도 혹독한지, 굳이 '악의

축' 같은 심한 용어를 사용해야 하는지 이해하기 힘들다고 말한다. 보수주의자인 그의 눈에도 미국의 선악 이분법은 1950년대의 매카시즘McCarthyism, 반공산주의에서 크게 탈피하지 못했는데, 트럼프의 4년은 그레그의 걱정을 떠오르게 할 만했다.

우리가 살아갈 가까운 미래는 코로나19와 함께 미-중 전략 경쟁의 양상에 따라 요동칠 것이다. 문제해결보다는 서로의 탓만 하며 국제협력을 표류시키는 현 국면이 심히 걱정스럽다. 그래서 G2는 사라지고 세계질서를 주도하는 리더 국가가 부재한 G0의 세계로 가고 있다는 전문가들의 경고가 잇따른다.

국제협력이 사라지고, 공공재에 대해선 관심조차 없고, 이기적인 것을 넘어 호전적이고 배타적인 민족주의의 각자도생만 남는 암울한 미래는 어떤 국가, 어떤 개인에게도 남의 일이 아니다.

미국 국내 상황은 물론이고, 국제질서를 생각하면 이번 미국 대선은 너무도 중요한 전환점이 될 것이다. 갈등과 분열이 아닌 협력과 통합을 위해 노력할 지도자가 선택되기를 간절히 바란다. 그것이 미국의 건국이 가졌던 진정한 가치이며, 세계가 평화 공존의 질서를 회복할 수 있는 선택이 될 것이다.